青年海外協力隊がつくる日本

——選考試験，現地活動，帰国後の進路——

清水　正［編著］

創成社新書
43

はじめに

国際協力という柱を軸に、昭和40年（１９６５年）の発足以来約、50年間にわたって世界中の開発途上国87カ国に４万人以上の海外ボランティアを派遣してきた青年海外協力隊。本書は、その理念や現場での事例を幅広く取り上げると共に、協力隊員として参加し活動した経験者が、帰国後、日本国内でどのようにその経験や知識、ネットワークを活かしているのかを紹介し、国際協力を通して見えてくる私たちの生活との関係について考える視点を提供することも目指している。

国際協力を、遠い国に住む人々や、実務者、研究者のためだけのものとは理解せずに、10名の執筆者を含めた日本の市民にとっても大きな意味をもつことを、それぞれの個人史の紹介や座談会も含めて、読者の皆様と共有できればとの思いを込めて本書を編集した。

第１部では、「青年海外協力隊とは？」のテーマの下、青年海外協力隊における一般知識（応募方法、試験、現職参加制度など）や帰国後の進路、国内外での開発協力活動について説明してみた。

第2部では青年海外協力隊経験者10名の体験談として、現職参加制度による斎藤さん（モルディブ・体育）、久保木さん（スリランカ・体育）、小林さん（ニカラグア・保育士）、そして春原さん（ザンビア・作業療法士）、退職して参加した林さん（パラグアイ・看護）と宮さん（マレーシア・日本語教師）、そして黒川さん（ジャマイカ・エイズ対策）、最後に休学や大学新卒として参加した崎坂さん（コスタリカ・野球）、奥本さん（ホンジュラス・植物病理）、そして根本さん（ネパール・育種）を取り上げている。

第3部では、「これから協力隊を目指す人たちへ」というテーマで、帰国後NPO法人で活躍する松舘さん（タイ・人形制作）と町井さん（ニジェール・感染症対策）、そして日系社会青年ボランティアでブラジルに派遣された齋藤さんの3名と私が加わった座談会の模様を収録した。協力隊経験者同士だからこそ語れる後日談や、忌憚のないざっくばらんな話が展開され、別の意味でのリアリティを感じてもらえる内容になったと思う。

協力隊活動中の体験談や、帰国後にその経験を活かして、国際機関、大学や研究機関等で開発途上国における国際協力活動に直接関わり活躍する隊員OB／OGの事例は、これまでにもさまざまな本が出版され、ブログ等でもよく目にする。例えば、専門性を活かしてJICA国際協力専門員として働く12名の「国際協力職人」を紹介した『国際協力専門員―技術と人々を結ぶファシリテータたちの軌跡』には、ケニヤ、ガーナ、マラウイで隊員としてそれぞれ活躍し、その後、専門員となった3名の紆余曲折も含まれており、帰国後のキャリア形成を考える上でも大変参考になる。

しかし、帰国した大半の方々は、実は軸足を日本に置き、協力隊での経験を何らかの形で自分の仕事や、地域社会に還元してきている。それにもかかわらず、こういった貴重な活動がまとまったかたちで活字化され、一般の方々に知られる機会は、この新書が初版発行された2011年までほとんどなかったように思う。隊員として派遣されたそれぞれの開発途上国での2年間もしくはそれ以上の期間の経験は、各々の人生観を変えることになったと言っても過言ではない。派遣されていたときには、病気やストレス、人間関係などで悩まされ嫌なことばかりだったかもしれない。私自身、派遣国であったネパールに赴任した直後に、当時のネパール事務所次長から受けた言葉を今でも思い出す。それは、「それぞれが使命感に燃えていることと思うが、大事なことは生きて日本に帰ること」だった。その時はピンとこなかったが、マレーシアに派遣された同期隊員の松井さんが、その半年後に現地で亡くなり、平成17年1月には、スリランカから帰国し地元宮崎県で養豚を営んでいた同期隊員の河野さんが、奥さんと子供3人を残して他界するという悲しい事件に遭遇した（久保木さんの章を参照）。シニアボランティアとして、定年後に再び開発途上国へ出かける方々も多くなってきている。そんなご時世だが、やはり健康管理と危機管理はきちんと心がけるようにしたいものだ。

開発途上国で生活することが目的であれば、あえて青年海外協力隊に応募しなくとも他にいくらでも手段があるはずだ。本書は「協力隊応募のすすめ」ではないが、一方で協力隊への応募を考えている読者に、帰国後も日本国内で国際協力に携わっている先輩たちを紹介し、お手本となるようなロールモデルを少しでも見出して頂けると、編者としても本望である。最後に、このシリーズの監修者である西川芳昭先生、創成社の塚田尚寛社長、そして西田徹氏には大変お世話になった。心から御礼申し上げたい。

２０１６年３月

清水　正

目次

第1部　青年海外協力隊とは？

1．青年海外協力隊における一般知識

２０１５年に青年海外協力隊は発足50周年を迎えた。青年海外協力隊の累積派遣隊員数が４万人を超え、単純に計算しても、日本人３千人に１人が、隊員として派遣され活動してきたことになり、決して少数ではなくなりつつある。日本の青年たちの海外に向ける熱い思いに道を開こうと１９６５年に発足したこの事業は、カンボジア、フィリピン、ラオス、マレーシアに26人の青年を派遣して以来、実に50年にわたって日本の青年をアジア、アフリカ、中南米、中東、大洋州そして東欧の計88カ国に派遣してきた。長い歴史の中では、親子２代にわたり、協力隊員として派遣されたケースもある。青年海外協力隊として開発途上国で活躍する日本人は、開発途上国の発展に貢献するとともに、日本と開発途上国の相互理解や友好親善の促進に大きな役割を果たしてきたと言っても過言ではないだろ

う。

青年海外協力隊は、技術を有する20歳から39歳の青年男女が、開発途上国地域住民と生活を共にしつつ、当該地域の経済および社会の発展に協力することを支援する事業で、派遣された協力隊はまさしく「顔の見える」協力を通じて開発途上国に貢献してきた。その活動分野は幅広く、農林水産、鉱工業、公共・公益事業、保健・医療、エネルギー、商業・観光、人的資源、社会福祉、計画・行政9分野[1]で約120職種にわたる。2016年2月末現在、2,178人の青年海外協力隊（男性949名および女性1,229名）が、世界各地の開発途上国71カ国で活躍を続けており、その現場報告等は隊員のブログや、独立法人国際協力機構（JICA）のウェブサイトからも垣間見ることができる。また、帰国したボランティア参加者はその経験を教育や地域活動の現場で共有するなど、社会への還元を進めており、この世界に広がるユニークな活動は、受入れ国をはじめ国内外から高い評価と期待を得ているといえよう。

青年海外協力隊のほかに、JICAでは、他に「シニア海外ボランティア」「日系社会シニア・ボランティア」「日系社会青年ボランティア」の3つのボランティア事業を実施

表１　JICAボランティアには以下の４種類がある

年齢＼活動地域	アジア・アフリカ・中南米・大洋州・中東地域	中南米の日系社会
20〜39歳の方	青年海外協力隊	日系社会青年ボランティア
40〜69歳の方	シニア海外ボランティア	日系社会シニア・ボランティア

※派遣期間は長期（２年）と短期（１カ月－１年未満）がある。

出所：JICAホームページ。

している。「シニア海外ボランティア」「日系社会シニア・ボランティア」は40歳から69歳までの人を対象としており、「日系社会青年ボランティア」は青年海外協力隊と同じく20歳から39歳までの人を中南米の日系社会の発展に協力するために派遣する制度である。また、活動期間が１カ月間から10カ月間程度の短期ボランティアも年４回募集を行うと共に、２０１２年度からは「民間連携ボランティア制度」という新しい制度が始まり、民間企業に所属しながら協力隊に参加しやすくなってきている。

２．青年海外協力隊の特徴

青年海外協力隊の職種について

２０１５年に派遣50周年目を迎えた青年海外協力隊（ＪＯＣＶ）だが、その質と量は年とともに変化している。発足当時には、いわゆる理工農系である、農林水産や土木建築、保健衛生などの職種や柔道・空手道といったスポーツ部門が多く、文系では小学校や音楽教員等の教育文化分野での募集に限られていた。

派遣開始から30年経過した1990年代半ばからは、協力隊への応募者も顕著に増加の傾向がみられ、その特徴として、女性応募者の増加、海外留学経験者やNGO勤務経験者の増加、国際問題等についての専門教育を受けた人や文科系のバックグラウンドをもった人たちの応募増加などが挙げられる（国際協力事業団、2002）。少し古いデータではあるが、例えば、日本語教師、村落開発普及員、青少年活動等の職種には、文科系出身者の応募が集中しており、2001年度の協力隊秋募集において、この3職種の応募者数合計（1,528人）が、全応募者総数（4,256人）の36％に及んだ。また時代の流れとともに開発途上国のそれぞれの経済・社会発展状況に準じ、職種が多様化してきているのも見逃せない。私が25年以上前に応募したときには見かけなかった新しい職種として「プログラムオフィサー」「環境教育」「エイズ対策」「観光業」などが挙げられ、文系の青年海外協力隊希望者への門戸も広がってきている。一方で、根強い要請が開発途上国から挙がっている農林水産部門（家畜飼育等）や、加工部門（溶接等）、保守整備部門（自動車整備）では、要請数に対して応募者すら満たされないということも時々あり、開発途上国側の要請と日本の応募者側のミスマッチが課題として残されている。

青年海外協力隊は、開発途上国の人々の生活の中に入り込んでいき、彼らとお互いに理解し合うことによって、実情に即した活動を展開している。活動に際しては、機材や資金に頼りすぎることなく、自分自身の知識や経験をフルに活用することを通じて開発途上国の人々と協働し、その過程を通じて人間中心の開発を行っているともいえる。それは草の根レベルでの異文化交流と呼べるもので、次の5カ条からも汲み取れるはずだ。

〈青年海外協力隊5カ条（協力隊第2代事務局長　伴正一氏の語録に収録）〉

1. 共に住んで異民族の心を知る。
2. その住む国を鏡に日本の姿を見る。
3. こうして、実践裡に、大いなるもの、国と世界に開眼する。
4. そのときも、そのあとも、おおらかな夢に生き、
5. 静かなる人間革命に先駆ける。

派遣国について

青年海外協力隊に応募するにあたって、職種を選ぶことはできても派遣される国を選ぶことは通常できない。応募した際にリストにある国から希望国を申請し、選考の過程で決まることになり、実はアフリカで村落開発普及員を希望していたのに、ネパールに派遣されることになってしまったとか、漁業生産で大洋州地域の小さな島々での活動を夢描いていたところ、ネパールの淡水湖に関わることになったなど、派遣国の決定は喜怒哀楽に事欠かない。また、応募時にリストに載っていなかった国が追加され、第2面接の際に、「実はこういう国もあるのだが、あなたは関心がありますか」と聞かれることもあり、希望していた地域への派遣がかなわず、辞退してしまう応募者も時折いる。

ちなみに2015年8月のデータになるが、派遣される地域で多いのが、アフリカ地域とアジア地域でそれぞれ全体の約3分の1を占めている。北米中南米地域への派遣も2割強となっており、女性隊員の派遣が半数以上であることも特徴的だ。

3．青年海外協力隊への参加に向けて（応募方法や、合格に至るまでの過程）

通常2年間、現地で「協力隊員」として活動するわけだが、現地に赴任するまでさまざまな準備や選考等のハードルがあり、この原稿を書いていて、1つずつクリアーしていくのもなかなか大変なことだったと、今さらながら当時を思い出した。青年海外協力隊として派遣される職種はさまざまであることは前にも述べた。2011年の東日本大震災後には応募者が減るなど経済不安や就職難を反映して、しばらく応募者数が低迷した時期もあったが、再び協力隊への応募者が増加する傾向にある。

募集

青年海外協力隊員になるためには、選考試験を受ける必要があり、その募集は長期（2年間の派遣）の場合、毎年春と秋の2回行われ、それぞれ「春募集」「秋募集」と呼ばれている。近年は1募集期当たり1、500人前後の応募者がある。ちなみに協力隊の応募資格年齢には原則的に20歳から39歳までとの制限がある。実は、最近の傾向として、開発

表２　青年海外協力隊応募者数等の推移

	H19	H20	H21	H22	H23	H24
要請数	2,504	2,435	2,501	1,842	1,789	2,407
応募者数	3,969	3,815	4,752	4,061	2,971	2,674
合格者数	1,298	1,403	1,625	1,084	887	915
充足率（%）	51.84	57.62	64.97	58.85	49.58	38.01

出所：JICAホームページ。

途上国からの多くのニーズに応えきれていない状況が続いている。表2にあるとおり、平成24年までの過去6年間の要請数、応募者数、合格者数の推移は下表のとおりだが、要請に対する充足率は、最も高かった平成21年においても、青年海外協力隊が65％にとどまっている。

応募してから派遣国への赴任まではどんなに早くても6カ月、遅ければ1年以上かかる場合もあり、思っている以上に時間がかかることから、休職や休学を考えている場合、また今の職場を退職しようと思っている場合など、このタイムラグをきちんと踏まえて、春募集にするか秋募集に応募することが肝心だろう。

社団法人　青年海外協力協会では、ウェブ上の相談として「職種別応募相談サービス」を受け付けている。多岐にわたる職種の隊員経験者が体験談をもとに、募集に関することや、現地での体験などへの相談を受け付けるサービスを提供しており、希望の相談員を選んだ上で相談メッセージを送信することができるようになっている。身近に隊員経験者がいない方々にも利用しやすいサービスといえよう。協力隊への応募に興味があるものの、不安であったり、もっと情報収集をしたいと思っている場合には、就職活動同様、青年海外協力隊のウェブ上でプレエントリーをすることも可能だ。画面を通して、説明会情報、応募や選考についての情報を臨機応変に得ることができ、個人的に気になることがあれば直接質問も可能で、応募書類の作成もできるようになっている。

その他の情報収集として、社団法人 協力隊を育てる会が定期発行している情報誌『クロスロード』や、ウェブ上で紹介されている国際協力選書等が参考になる。

現職参加制度

現に勤務先があって仕事に従事している方々を協力隊事務局等では「現職者」と呼び、その勤務先を「所属先」と称している。現職者が協力隊に参加しようと思った場合、所属先の理解が得られるかどうか、参加希望者にとっては心配の種でもある。最近の雇用事情も厳しいことから、せっかく就職したのに辞めて参加すると、帰国後に就職・再就職が容易でないというのが現状でもある。国家公務員や地方公務員の場合、参加者を「派遣職員」

として取り扱うことができる法律があり、多くの公的事業体においても休職参加が可能となっている。これらの場合、応募書類を提出する前にあらかじめ所属先に応募する旨を伝え、きちんと了解を得ることや、募集職種が所属先の本来の業務と関連していることなどが条件となることが多く、所属先からの理解と承諾をきちんと得ることが肝心である。

また、近年、民間企業・団体においても、協力隊への現職参加を認めるところが多くなってきており、次のとおり4つのケースがある。

- ボランティア参加のための労使協約・覚書を締結している企業・団体
- ボランティア参加のための社内規定を制定している企業・団体
- ボランティア休職制度を有する企業・団体
- 休職規定を運用している企業・団体

このような条件が満たされている場合、民間連携ボランティア制度による派遣も可能となる。募集時期や選考基準等は、協力隊等の一般公募と違う点も多いが、企業とＪＩＣＡが協議し各々の企業の都合等も考慮しながら受入国（地域）や要請内容、派遣期間等を調整し、派遣を進める制度となっている。

〈人件費補填制度〉

民間企業や団体の場合、希望者の現職参加を認めるにしても、経済的な損失や現職者の欠員補充といった問題が生ずることが多いのが現状だ。協力隊では、現職参加者の所属先企業や団体に対して、協力隊参加の期間（派遣前訓練から2年間の派遣期間終了まで）に、給与などの直接人件費や社会保険等の間接人件費を補填する制度を設けており、現職者を休職扱いした所属先に経費面で負担をかけないように措置している。合格が決まった段階で、協力隊事務局が現職参加希望の所属先に対して、必要な書類や資料を送って説明し対応してくれるようになっているが、それ以前に協力隊参加への希望を所属先に打診しておくなど、無理のない方法で準備しておくことが肝心といえよう。

〈現職教員特別参加制度〉

開発途上国からの要望が高い教育関連の職種について、実務経験を積んだ現職の先生方が、現職を維持したまま青年海外協力隊に参加しやすくなるよう、公立学校および国立大学法人の教員の方を対象に、平成13年度春募集に文部科学省と創設した制度である。同制度では、年1回春募集のみを対象とし、合格後の派遣前訓練開始時期を翌年4月、帰国をその2年後の3月とし、先生方の異動する4月に合わせているのが大きな特徴だ。訓練期間を含めた派遣期間を2年間（つまり、海外での活動はおよそ1年9カ月間）とし、日本の学期制と青年海外協力隊の派遣スケジュールを合わせる等、現職教員の実情を反映した比較的新しい制度で、多くの教員が利用してきた（第3部の座談会参加者で、日系ボランティアに参加した神奈川県教員である齋藤先生が参考になる）。

選考

協力隊の選考試験には第1次選考と第2次選考がある。第1次選考は書類審査で、技術試験への回答の他、英語の公的試験証明書（応募に必要な語学力の目安は英検3級程度）と、健康診断書の提出も求められる。また、第2次選考は東京と大阪で実施することになっており、科目は「個人面接」「技術面接」「健康診断」（問診）となっている。

〈1次選考（筆記試験）〉

1次選考は、ホームページから入手する技術試験とその他の提出書類で合否が決まる。

1次の技術試験を課されていない職種もあるので、ホームページ等できちんと調べることが必要である。

後にも述べるが、派遣される国が決まると、その国に応じた語学訓練を国内研修所で短期集中講座のようなプログラムでみっちり学ぶことになる。多くが、非英語圏に派遣されることから、私が長野県駒ヶ根市の訓練所にいたときには、アジア圏でタイ、ネパール、ベンガリ、シンハリ、マレーシア、インドネシア等のクラス、中南米諸国はスペイン語、中近東はフランス語というように多岐にわたる外国語のクラスがあり、とても刺激的な毎日だった。

〈2次選考〉

1次選考を無事クリアーすると、今度は人物面接と技術面接が待っている。未だに何をもって、「ふさわしい」協力隊員を選別できるのか個人的には疑問だが、応募者の以下6点を中心に10分ほどで人物面接が行われる。①責任感、②思考の柔軟性、③積極性、④忍耐力、⑤表現力、⑥態度。どれをとっても就職試験や採用面接と大きく変わるところはないといってもよく、言葉遣いや服装等に気をつけて面接に臨み、面接官へ良い印象を残せるようにすることが賢明だろう。

技術面接は、限られた時間でいかに自分をアピールできるかにかかっている。欧米人に比べて日本人は、得てして穏やかで謙虚になりがちだが、途上国では自分の意思表示をきちんとすることが求められ、技術的な説明を明確に相手にできることも重要な要素の1つとなる。また、職種によっては実技選考も実施されるので、応募の際にきちんと確認しておく必要がある。

〈健康診断〉

協力隊の選考で見落とされがちなのが、健康診断。派遣される活動地域の多くは、生活環境が厳しく、衛生状態や医療事情も悪いことが多く、予断を許さない。マラリアやコレラ、赤痢といった日本ではあまり縁のない伝染病にもかなりの確率で遭遇することとなる。私の場合は、赤痢やランベルべん毛虫等にかかり、静養を余儀なくされたことが派遣中数回あったが、幸い命にはかかわらなかった。しかし、赴任先で体調を崩して、療養一時帰国もしくは任期半ばで早期帰国をせざるを得なかった隊員もいた。志半ばで泣くにも泣けずに日本に戻ったケースも多く、健康管理には大変気を遣うことになる。よって、既往症がある方や現在治療中の方、病気が再発する可能性のある方は、協力隊受験時にきちんと申告するよう求められている。

登録制度

登録制度とは、1次選考および2次選考を通じて、総合的に合格ラインに達している受験者を登録者として認定する制度で、例えば、「要請内容に適合しない」、あるいは「要請数が合格者数より少なく、派遣される要請がない」といった場合に、「登録」となる。選考結果通知に同封されている同意書を提出することで登録者となり、合格者が辞退した場合に繰上げ合格となる「一般登録」や、登録者に対して在外事務所からオファー要請があった場合にオファー合格となる「オファー登録」などがある。また、健康診断により派遣不適と判断されたものの、短期間で完治可能な場合は「健康条件付登録」となることがある。この場合は、完治したことを証明するものを提出することによって「登録」となり、登録者と同様の扱いとなるが、登録したからといって協力隊員の派遣が保証されているわけではない。

技術補完研修

2次選考の結果、「条件付き」合格という認定を受けた場合には、派遣前訓練に先立って、協力隊事務局の指示により、数日から数カ月間程度の「技術補完研修」を受けることになる。この新書に紹介されている10名の隊員経験者でこの研修を受けた方はいないが、例えば、農林水産部門で派遣が予定されているものの、現場体験が足りないとみなされた場合には、国内の農場（隊員経験者が経営している所が多い）にて数カ月研修を受けるケースが挙げられる。また、日本語教師、理数科教師、環境関連などの一部の職種の場合、合格者全員が参加する技術補完研修もある。

派遣前訓練

これは2次選考合格者全員が対象となり、約70日間の合宿訓練が国内の訓練施設にて実施されるもので、この訓練を終えて初めて協力隊員として派遣される資格を得ることになる大事な期間となる。派遣予定国・地域によって異なるが、現在は、長野県駒ヶ根市もしくは福島県二本松市のどちらかにて、それぞれ年4回ずつ実施されている（以前は東京都渋谷区広尾にも訓練所があった）。その時期は、合格者の都合も考慮されるが、派遣を要請している途上国のニーズを基本的に優先していることもあり、2次選考合格後すぐに派遣前訓練に参加できるわけではない。

派遣前訓練は、合宿ということもあり、規則や規律を守る集団生活を2カ月以上続けることに苦痛や不便さを感じる人もかなりいるが、訓練を経て実際に活動することにやりがいと大きな目標をもって臨まないと途中でつらくなりかねない。そういう場合に嬉しかったのが隊員経験者との交流会、自分が派遣される分野の専門家による講義等だった。私が長野県駒ヶ根市の訓練所にいた際に、講義等を通じて現場の生の声を聞いてどんなに励まされたことか、今でも懐かしく思える。途上国での井戸掘りや農業を支援する「風の学校」の創立者だった、今は亡き中田正一氏の講義には、私もずいぶん感銘を受けたものだ。

待遇と各種制度

現地生活費は派遣国により異なるが、毎月隊員に支給され、また、これとは別に、所属先から給与が支給されない隊員や所属先のない隊員に対しては、国内積立金が支給されるようになっている。派遣国から帰国後にまとまって受け取ることができ、就職活動や進学準備等に使う帰国隊員も多くみられる。

4. 帰国後の進路について

この本を手にする方の多くが、協力隊への参加を志望し、これから応募してみようと思っていると察するが、私自身、協力隊応募に関して、友人や家族から「帰国したらどうするの?」と問われ、しっかりした答えができなかったことを今でも思い出す。その当時は、「帰国後のことは、そのときになってみないとわからない」とあやふやに思っていたことも事実。また、1次選考、2次選考に合格して、いざ派遣前訓練に入るときに、「勤務先の了解を得られなかった」「両親の反対で参加を辞退」といった理由で残念ながら参加できなかった方々も、これまでの協力隊の長い歴史の中で、ずいぶんいることと思う。

これから参加しようとしている方々の多くは、協力隊参加を自分の人生設計の中にきちんと位置づけ、将来を展望しながら応募と選考に臨むことだろう。任国中の体験談は第2部にて、現職参加組、退職参加組、そして大学休学・新卒組がそれぞれの赴任地で喜怒哀楽を共にした日々を述べており、皆さんの参考になるはずだ。また、座談会の参加者からは帰国後の新しい取り組み方についても提示してもらっている。2年間の任期(人によっては延長している場合もある）を終え、無事日本に帰国した際に、多くの場合は次のステップとして、就職を考えることになると考えられる（ただし、現職参加の場合は各所属先に復職の措置がとられる）。他方、派遣国でのさまざまな出会いや経験を通じて、自分が考えていた進路を変更することも十分あり得るといえよう。

具体的な進路相談に関しては、青年海外協力隊事務局参加促進・進路支援課やＪＩＣＡの国内機関（地方支部や国際センター等）で開催されるセミナーや、ＪＩＣＡが国内各地域に委嘱している「進路相談カウンセラー」等で具体的な話を聞くことができ、非常にありがたい。もちろん、こういった制度に頼らず、自分で自らの進路を拓いていくことも帰国後の進路としての１つの選択肢であろう。

平成24年（２０１２年）３月にまとめられた帰国後隊員の実態調査は、協力隊参加後10年が経過する隊員（平成13年度派遣の３２５名）を対象に実施されており、８割を超える隊員が「協力隊員経験が帰国後の仕事や日常生活に役立っている」と感じていた。また、帰国から10年後の進路に関して、全体の24％が民間企業と回答し、地方公務員（教員職および一般職）が22％、自営（起業・農業・陶芸等）が７％と続いた。また、無職も全体の14％だが、その大多数を専業主婦が占めている。また、「今後取り組みたい活動」として、

ＮＰＯ・ＮＧＯ活動や任国等開発途上国への援助といった「国際協力」、体験談発表や出前講座、在日外国人支援、通訳やガイド等のボランティア活動による「国際理解・国際交流」、そして協力隊活動を生かした「仕事」（専門家、海外勤務、フェアトレードなどの貿易等）などが挙げられている。

5．協力隊経験者の社会還元

自分自身でも痛感していることだが、協力隊への参加を通じて、技術的な広がりと深みを得られるだけでなく、技術面以外での収穫も大きいものとなった。例えば、2年間現地の人々の生活の中に入り込んだ活動を行うためには、現地の言葉（訓練所で習得した言葉以外の現地語である場合も多い）を習得するだけでなく、時にはそれまで培ってきた考え方を変えることが求められ、まさに異文化コミュニケーションを日々実践していることになる。その経緯を経て異なる文化、社会、慣習等を認識し、尊重できるようになるばかりでなく、文化、社会等の日本的価値を再認識することにもつながるかと思う。

これら協力隊への参加を通じて得られた経験が、グローバル化が進む日本社会、国際社会において貴重な経験となってきていることは、約半世紀にわたる協力隊の歴史からも明らかで、これらの経験を日本社会ひいては国際社会に還元することが今後さらに求められてくるだろう。

教育現場等の場を通じた社会還元

２００２年４月から、教育現場に「総合的な学習の時間」（総合学習）が本格的に導入されることになったが、その中で「国際理解教育」が１つの大きな学習課題として提示されていた。ここでは、英語能力の向上や外国人との交流といった教育ばかりでなく、世界の多文化への理解と尊重、地球的視座の獲得、国際協力の重要性への理解等、真のグローバルな視野をもった人材の育成に重点が置かれた教育がなされることが望まれており、協力隊経験者の活躍が期待されている分野といえるだろう。例えば、第２部の斎藤さんが、兵庫県の生徒をマレーシアまで引率した経緯や、日本語教師で派遣された宮さんが帰国後に始めた国際理解教育への取り組みなどが参考になるはずだ。

国際理解教育を促進する上で、その総合学習の講師として協力隊経験者を小中学校・高校へ積極的に派遣することが推進され、「国際協力出前講座」（１９９９年度から２００４

年度まで「サーモンキャンペーン」と呼ばれていた）を実施している。これは、国内各地の学校にJICAボランティア経験者を講師として派遣する制度で、毎年全国で2、000件以上、約20万人が受講している。私も、ネパールから帰国後に埼玉県のある小学校に招待され、スライド等で1時間ほど講義をしたが、子どもたちの素直な反応と質問に嬉しくなり、給食を一緒に食べている時も質問を受けてたじろいだ記憶がある。現地で活動した隊員経験者の言葉は、新聞やテレビ等で報道されるものよりも重みがあるのだろうな、と思ったものだ。

協力隊経験者の日本社会における活躍

協力隊経験者の日本社会における活躍の場の拡大については、「社団法人 協力隊を育てる会」「社団法人 青年海外協力協会」等の協力を得て、これまでも青年海外協力隊事務局が中心となって取り組んできている。

また、全国に散らばっている協力隊のOB・OG会の活動を側面的に支援することで、日本社会における国際協力ボランティアに対する評価を高めることにも取り組んできた。

かつての青年海外協力隊は、一般の市民が開発途上地域でボランティア活動に参加する数少ない手段の1つとなっていたが、近年では、NGOによる国際協力活動が活発になっている。これに伴い、一般市民が参加できる国際協力ボランティア活動のメニューも多様化しており、どのような社会貢献が協力隊経験者に望まれているのか、改めて考察する必要があろう。

本書では、主に協力隊経験者自身が教育現場等の場を通じて途上国での経験を、次世代を担う子どもたちや学生、市民へどのように還元してきたか、また帰国後、日本社会で活躍することによりどんな形で社会へ環流してきたのかを10名の経験者にそれぞれ振り返ってもらった。読者の方々に少しでもその過程や教訓、成果を共有してもらえるようであれば幸いである。

【註】

(1) 以前は農林水産、加工、保守操作、土木建築、保健衛生、教育文化、スポーツ、計画・行政(8分野)の協力隊独自の部門別表記だったところ、それぞれの職種の統廃合改称や新設、廃止により、2013年(平成25年)7月からJICA統一の分野分類別表記に変更となった。

参考文献

『青年海外協力隊帰国後進路状況・社会還元活動調査』佐藤真久（監修）、国際協力機構青年海外協力隊事務局、２０１２年。http://www.jica.go.jp/volunteer/outline/publication/report/pdf/shakaikangen_01.pdf

『青年海外協力隊誕生から成熟へ―40年の歴史に学ぶ協力隊のあり方』国際協力機構青年海外協力隊事務局（編）、２００４年。

『やってみよう国際協力　青年海外協力隊ベストガイド―応募にそなえて―』明石書店、２００３年。

『海をこえるボランティア先生―青年海外協力隊から見た世界』協力隊を育てる会、新訂版、２００６年。

『国際協力専門員―技術と人々を結ぶファシリテータたちの軌跡』林俊行（編）、新評論、２００９年。

『21世紀のＪＩＣＡボランティア事業のあり方』国際協力事業団青年海外協力隊事務局、２００２年。

http：//www.jica.go.jp/activities/jocv/iinkai/gjiroku/pdf/houkoku_02.pdf

参考ホームページ

国際協力機構（http：//www.jica.go.jp/）

青年海外協力隊（http：//www.jica.go.jp/activities/jocv/）

外務省青書（http：//www.mofa.go.jp/mofaj/gaiko/bluebook/2008/html/h4/h4_03.html）

社団法人　青年海外協力協会（https：//www.joca.or.jp/）

社団法人　協力隊を育てる会（http：//www.sojocv.or.jp/）

開発教育協会（http：//www.dear.or.jp/）

第2部　青年海外協力隊ＯＢ・ＯＧ体験談

1　協力隊への現職参加

第1章　モルディブでもらった宝箱

暗がりのなかで見たヒマラヤの人

私が高校2年の秋のことだったと覚えている。山岳部顧問の岡本先生が、長期の休みの間に訪れたネパール・ヒマラヤで撮ってきた写真をスライドにして、生物の時間にわざわざ私たち生徒に見せてくれた。どっちがネパール人かわからないな、と友人と話しながらも、私は、スライドのなかで岡本先生がこちらに投げかけている視線があまりにもやわらかく、ネパール人のまなざしと似ていることに驚き、初めて外国と自分との接点を感じたのだった。

私が写真やテレビでしか知らないヒマラヤの景色のなかに、目の前にいる先生がまるでネパール人のようにとけこんでいる。普段あまり口数も多くなく、どちらかというと学者肌で授業をすすめていく岡本先生が、ネパール人とネパール語で話し、肩まで組んでしまう変わりぶりに、ネパールやヒマラヤのもつ目に見えない「力」というものさえ認めざるを得なかった。私は17歳になって初めて、外国は夢のなかの世界ではなく、現実として存在している、と岡本先生によって気づかされたのだった。

高校在学中、岡本先生はその後も私たちにいくどとなくネパールの魅力を語り、私は次第に、岡本先生の代わりに自分がネパール人と肩を組むことだってありなんだな、という気にもなっていっていた。

協力隊への第一歩

「モルディブで陸上競技の指導者を募集してますけど、受けてみませんか?」

スリランカでの3年間の青年海外協力隊活動を終え帰国した、大学時代の陸上競技部の後輩が私に電話をかけてきた。

スリランカでの協力隊活動中、彼は新米教師の私にたびたびエアメール（航空郵便）を送ってきてくれていた。そのカードのなかには、学校現場であまり教えることのない、「日本は」「日本人として」「世界は」「途上国は」「スリランカの人たちは」といった内容がいつも書かれていて、最後に「自分自身は」というところに彼の思考は行き着くのだった。彼が帰国後、採用試験を受け、高校の教師になったならば、今の自分の追体験ができるのだろうけれど、自分には彼の追体験はできないのだな、と高校教師という仕事に慣れるのが精いっぱいの私は漠然と考えていた。彼がスリランカで考えたことを、教師になり高校生に伝える姿は容易に想像がつくけれど、自分は今のままでは決して彼のような気持ちで高校生に働きかけをすることはできないのだ、それでもいいのか、という自問自答を繰り返しながら。

しかし働きだして5年経つ頃、教師という職業に慣れていくにしたがい、私には彼の電話での一言を、自分の背中を押してくれるきっかけとして受け入れられるだけの心の準備が出来上がっていたのだと思う。数日後、わたしは校長室を訪問し、校長に自分の決意を告げた。

大学時代、隣の部屋で下宿していた彼から、「卒業したらアフリカに行きたいんです」

と、聞かされ初めて知った青年海外協力隊。

派遣された国はアフリカではなかったけれど、彼がスリランカからエアメールを送り続けてくれた時間の経過とともに、高校時代、薄暗い生物教室で、ネパールの地からやわらかいまなざしで私を射ていた、岡本先生の「楽しいぞ」というささやきは、次第に未知なる地への好奇心をあおってくれていたのだった。

あれから10年。私はスライドのなかの風景にようやくたどり着いた。

競技会のない国

1周5㎞に満たないモルディブの首都マーレ島が、私の2年間過ごした任地だった。1988年に開催されたソウルオリンピックに初めて参加するチャンスを得たモルディブは、日本の青年海外協力隊に指導者を求め、私はその初代隊員を引き継ぐ形で要請された。

当時人口約20万人のモルディブ共和国は、100％イスラム教の、かつお漁業と観光業で生業を立てているインド洋の島嶼国で、赤道をはさんで1、200もの島々が点在し、そのうち200の島で人々が暮らしていた。マーレ島は首都の島のため、あらゆる機関が集中していて、遠く地方の島から高等教育や職を求めてたくさんの人々が集まってきていた。その数は全人口の4分の1にも膨れ上がり、周囲5kmのなかに5万人強の人間が暮らす、世界でも類をみない人口過密島であった。

オリンピック出場のチャンスを得るまで、モルディブに陸上競技選手はいなかった。世界のスポーツ事情の通り、モルディブでの人気スポーツもサッカー一辺倒で、5kmの島のなかにクラブチームが10チームほど存在し、国営放送（テレビモルディブ）では、毎週末テレビで実況中継を行い、スタジアムはいつも超満員になっていた。しかしながら、途上国にありがちな学校の教育課程に「体育」が科目として存在しないのはモルディブも同様で、ソウルオリンピックに出場した選手でさえ、「前回りを一度したあとでダッシュだ」、と告げると、マット運動をしたことがないため、背中を丸めることも、頭を地面につくこともできずにバタリと倒れてしまう。日本であれば、幼稚園の頃から遊びながら体で覚えていく運動能力も、学習の機会がなければ身につけることもできないことを実感した瞬間であった。

オリンピックに出場する陸上競技選手を急遽集めるため、モルディブオリンピック委員会は、足自慢集まれ、選考会で選ばれたら韓国のオリンピックに出場できるぞ、と新聞やラジオ、テレビで呼びかけを行った。集まってきたのはほとんどがサッカーの選手たちで、常日頃トレーニングを重ねている彼らは当然足も速く、選考会の結果、長距離選手以外はほとんどがサッカー選手で8名の選手団は構成されることになった。

モルディブにとっては初めてのオリンピック、それも日本の隣国である韓国での開催である。そのため、私の前任者が日本企業に働きかけてスポンサーを獲得し、直前合宿と称して日本で合宿をすることができたモルディブチームは、100m、200m、5,000m、400mリレー、マラソンにも出場し、記録的には世界の足元におよびもしなかったけれど、モルディブ陸上競技史に貴重な第一歩を記した。

ナショナルチームへの練習計画立案と指導、各種競技会の企画運営などがモルディブ側から出された協力隊員への要望事項だった。しかしながら、陸上競技場はなく、普段の練習場所でさえ公園を囲む約600mの未舗装の周回道路だけという環境下で、活動への課題は当初から山積みであった。

夕方4時から約3時間の練習が私の活動のメインとなった。オリンピック後、その練習時間に集まってきたのは、オリンピック選手3名と、学生、そして小学生、合わせて10名にも満たなかった。大きなイベントの後、本当の意味で陸上競技に「楽しさ」を感じ、陸上競技に継続して取り組んでいく若者を育成することが隊員としての私の命題となった。

任期前半・異文化を理解するには時間が必要

宗教（イスラム教）に起因する人々の価値観をきちんと認識するには、人々と一緒に生活するなかから実感として理解することが多い。しかしながら、周囲が5㎞しかない島で5万人の人々が生活するという閉鎖性がもたらす人格への影響は、マーレ島で生活する時間が長くなればなるほど自分自身にも現れ始め、国民性の背景を理解する上で最も時間のかかる部分となった。

モルディブに派遣される前、事前訓練として3カ月間、言語を含めたあらゆる観点からの事前学習を行ったにもかかわらず、日本人の自分と、隊員としてこうあるべきと考える自分とが心のなかで大きく揺れ動きながら私は葛藤を続けていった。

一方で、陸上競技の指導自体も壁にぶつかることが多かった。陸上競技の選手として、陸上競技の本当の「楽しさ」を実感するためにもっていなければならない必要条件がいくつかある。高い目的意識、目標達成のために障害を乗り越えようとする強い意志、そしてなによりも陸上競技そのものが好きだという気持ち。雨が降れば、練習にやって来る選手の数は激減し私と選手1人だけ、ということもしばしばあった。また、きついけれどここで辛抱しなければ壁を越えられない、というタイミングにもかかわらず、いくらそう説明を加えても簡単にリタイアを続ける選手も数多く、日本で高校生に教えるのと同じように練習内容を考えても、計画通りに進めていくことはままならなかった。競技場も、競技会すらも存在しないモルディブで、日本でやっていた「陸上競技」をこの国に定着させることは可能なのだろうかと考え続けながら、私の任期前半は静かに時間を経過していっていた。

そんなある日、モルディブ陸上競技選手権を実施するので手を貸してほしい、と協会の副会長アリ・マニク氏から相談をもちかけられた。オリンピックに初めて陸上競技で出場したモルディブ選手たちが、テレビや新聞で報道されたことも手伝って、国民の陸上競技に対する関心が高まったため、モルディブ陸上競技協会が内務省に働きかけ、以前行ったことのあるモルディブ選手権を実施する運びとなったのである。

モルディブのサッカーチームは、それ自体が1つのスポーツクラブになっていて、卓球やバドミントン、バレーボールなども各クラブ対抗の形で時々選手権を行っていたため、陸上競技の選手権も同様の形で計画され、内務省スポーツ振興課から各クラブチームに要綱が発表された。開催は4日間、日差しのきつい時間帯を避け午前と午後の2部制で、種目は3、000m障害、棒高跳、ハンマー投、10種競技以外はほとんどの種目を盛り込んだ。その上、タスキリレー「EKIDEN」も道路を使って実施することに決まった。

するとそれをきっかけに、夕方の練習に参加する人間が増え始め、面白いようにその数は増加していった。その上、投てき選手が陸上競技クラブには1人もいなかったにもかかわらず、以前選手権を実施した頃に各クラブチームが独自に買い求めていた円盤や砲丸、やりなどを手にしてくる者も現れ始めたのだった。

また、大会役員には、タイム計測やゴールの着順判定という公正性が求められる部署に、中立的立場としてマーレ島で活動するほかの隊員にも協力をあおぎ、4日間審判を手伝ってもらうことにした。

小さな島のなかで地域ごとに分けられているクラブチームの対抗戦は、村の運動会にも似て、始まる前からかなりの盛り上がりを見せ、次第に島全体の大イベントになっていった。

島には唯一、サッカーやクリケットの試合だけに使用されているナショナルスタジアムがあり、その芝生の上に、白いペンキを吹きかけて、200mのトラックを作りあげていく。また、別の公園には穴を掘りサンゴの砕けた砂を入れて走幅跳や三段跳用の砂場をも作っていくのをみると、自前の競技会を作り上げていく別の意味での楽しさも感じることができた。

オリンピックに参加できたということが、1つの国にこれほどまでの効能、変化をもたらすことにつながったことをこのとき改めて実感した。

大会初日から、多くの観客がスタジアムを訪れ、モルディブ国旗をつけたオリンピックユニフォームで走る元オリンピック選手や、ひいきチームの選手たちに声援を送っていた。この間だけはいつもの陸上競技クラブのメンバーも各スポーツクラブの一員として大活躍し、表彰台の上でメダルを首から提げてもらうときに誇らしげな表情を見せていた。

早朝スタートで行ったモルディブ史上初めての「ＥＫＩＤＥＮ」は、警察のバイクが先導するなか、各チームの応援バイクや自転車が選手の周りで併走し、スポンジや飲み物を手渡しながら大声で激励し続け、路上は喧騒にあふれかえっていた。

大きな盛り上がりをみせた閉会式のなか、陸上競技協会長が大会の成功と、日本人スタッフに対して礼儀正しい謝辞を述べた。私の任期前半の最も大きなターニングポイントとなった大会であった。

任期後半・新記録証の発行

任期後半は、海外での競技会に参加することが続いた。南アジア大会（パキスタン・イスラマバード）、イスラミックオリンピック（クウェート）、アジア陸上（インド・ニューデリー）と3大会が連続したため、マーレを2カ月近く留守にし、その間マーレ島に残っている他のメンバーのため作っておいていった練習計画がうまく進んでいるかどうかを気にしながら過ごしていた。モルディブ選手権後も、陸上の練習に参加する人数は安定していて、短距離、長距離を中心に計画的、継続的に練習をこなすことができていたので余計に気になっていたのだった。

モルディブ選手権後、大盛況だったことを受けて、国立の女子校が陸上競技大会に似た運動会の開催を決め、その後も、私立の学校も含めた学校対抗陸上競技大会も催されることが決定していた。そのようなこともあって、学生たちの練習へのモチベーションは維持されていたのだった。

周囲5㎞の井のなかの蛙が外に出ることは、それだけで大きな心の変化を促すことになる。外の世界を体験することは、自分を発見したり、見つめ直したり、その後の人生の指針を得たり、と数え上げてもきりがないほどの影響力がある。自分自身がそうであったように、まして生まれてからずっと5㎞の島が自分の生活圏でしかない若者にとって、外の世界に出て行くということは、正式な陸上競技のトラックで走れるということ以上に目に見えない宝物を得ることにつながる。

しかしながら、コーチとしての一番の仕事は選手たちにいい結果を出させることであり、公認の競技会で、それも全天候型のゴムの競技場で初めて走ることになる選手たちを、競技に集中させるためさまざまな細かい点にまで指示を与えた。にもかかわらず、選手たちは簡単にそれを守りきれず、なぜなんだ、これまでやってきたことをこんなことで無駄にしてしまっていいのか、と声を荒げてしまうことが頻繁に起こった。宿泊先の高級ホテルでの生活は、マーレ島での日常とは天と地ほどかけ離れているため、エアコンをつけっぱなしにしては風邪をひき、バイキング形式の食事では食べ過ぎるほど食べた。日頃、1日2食、それもかつおのカレーだけを常とするモルディブ人にとって、目の前にあるおいしそうなものを食べるな、というほうが無理なことはわかっていても、それでは好結果を残し、陸上競技選手としての喜びを得ることはできない。

井のなかの蛙は、井のなかにいる限り大海を知ることはない。それは日本人でもモルディブ人であっても同じことで、初めて大海に出たときの心の混乱ぶりは、自身の成長のためには不可避なことなのだ、と考えるに至った。それは、「失敗」ではなく、貴重な「学習」になる混乱なのだと。

任期最後の6カ月間、月の最終週は「トライアル・ウィーク」と名づけ、通常練習をせず記録会のみを行った。学校対抗戦も終了し、すぐに国内で大会が計画されそうもない状況で、選手たちに何か励みになるものができないかと考えついたのが「記録会」と「記録証」であった。場所はいつもの周回道路であっても、そこでナショナルコーチの私がタイムを計り、前回の記録を上回って自己新記録を樹立したときには新記録証を与える。その記録証には私のサインが漢字で書かれており、その日の最後に儀式的な場をわざわざ設け、なるべく重々しく、威厳をもった態度で記録証を渡した。それだけの価値がこの1枚の紙にはあるのだと、本人に感じてもらえるよう、できる限り重々しく。

小学生から中学、高校生、そしてモルディブ代表として遠征経験もある選手たちが月末の記録会の時にはいつもと違う表情を見せた。今日は勝負の日なのだ、というような顔つきでいつもの練習場所に現れ、「コーチ、今日だな」、と少し緊張感を漂わせウォーミングアップに入っていった。それは、私が最も見たかったモルディブ陸上競技選手の顔だった。

私にとって最後のトライアル・ウィークは、最後のプレゼンターとしての週でもあった。街の印刷屋に頼んで作った少し上等の紙切れ1枚とはいえ、それを手にしたときの選手たちの晴れやかで喜びに満ちた顔を見ながら、昔、運動会のかけっこで1位になってもらったノートや鉛筆をうれしく誇らしげに感じていたことが自分の陸上競技選手としての原点にあり、それと同様のことを今この子たちが感じてくれていれば、私の役目は一応果たしたことになるかもしれないな、と考えていた。

陸上競技だけでなく、さまざまなスポーツを楽しめる国民性は、つきつめていくと「教育から生まれる」というのが自分で出した2年間の結論であった。

旅立ちまでの道のり

2006年11月、私はマレーシアのクアラルンプールに兵庫県立伊川谷高等学校の2年生266名とともに到着した。モルディブから帰国後16年、ずっと考え続けていた海外修学旅行を、ようやく実現することができた瞬間だった。

兵庫県の高校では70年代から信州でのスキー修学旅行をいち早く取り入れ、多くの学校が冬の信州に出かけていた。しかしながら、時代の変化とともに小学校でスキー学校が行われ、中学校で飛行機を使い沖縄の平和学習を目的とした修学旅行などが実施され始めると、国際理解などという観点から高校での修学旅行を「海外」へ、という傾向が90年代後半から少しずつ出始めてきた。

修学旅行は学校行事のため、学校側の理念として、修学旅行で生徒たちに何を学ばせるか、という職員間の共通認識が得られなければ実施することはかなり困難となる。昔に比べ職員の渡航経験者が増加してきているとはいえ、大人数の高校生を見知らぬ海外へ連れての団体旅行となると、国内で起こりえないような緊急事態への対処法、治安・安全面、食事、外国籍生徒への配慮など、課題は国内修学旅行にもまして山積し、決定に至るまで時間がかかってしまうのは仕方がないことである。しかしながら、教師側に、海外修学旅行で生徒たちに学ばせたい、というスタンスがきちんと整ってきさえすればハードルはかなり低くなってくるのも確かである。

前年度、伊川谷高等学校はそれまでの沖縄での平和学習、北海道の体験学習から、国際理解を教育目標に定め、初めての海外修学旅行を「タイ」に渡航先を選び実施するに至った。

学校での行事の検討に関しては各学校によって異なり、学年団主導で動くこともあれば、組織としての委員会主導で動くこともある。学年団主導で動いてきていた伊川谷高等学校では、学年団が、1年生の1学期に「タイ」を渡航先として海外への修学旅行を決定し職員会議に提案した。国内から海外へ。そして学習目的も大きく異なる決定のため、学年団主導だけではなく学校全体としての取り組みとして考える必要があることなどが確認されながら、伊川谷高等学校の初めての海外修学旅行は決定されるに至った。

第2学年の11月実施で計画は立てられ、当該学年の教師たちはエネルギッシュに準備を進めていった。そして年度が替わり翌年の4月、まだタイへの修学旅行が実施されていないタイミングではあったけれど、私は新しい次の学年団の一員として次年度の渡航先をマレーシアにすることを会議で提案した。

「マレーシアという国は、先住民のマレー系民族を中心に中国系やインド系の民族が大半を占める複合多民族国家で、宗教も生活習慣も異なる民族同士が、表立っては大きく争うこともなくお互いを尊重しながら平和に暮らしている。共存しているさまざまな文化や施設に接することで、『マレーシアン・ホスピタリティー』(隣人や異なった価値観の人を思いやる精神)と呼ばれる優しい民族性にふれ、相互理解・多文化共生の概念を体感することができる」

私がマレーシアを訪問国として推薦した理由の最も大きな点はここであった。

帰国間際にマレーシアでの国際陸上競技会にモルディブ選手を連れ参加したのが私の初マレーシア訪問。帰国後、マレーシアを数回再訪しながら、やはりマレーシアの居心地の良さは他のアジアの国々にはない独特なものがあるように感じられていた。

遠征も含めアジアを10カ国ほど回りながら、面白く興味深い国は数多くあっても、高校生の修学旅行で教育効果の得られる安全な国と考えたとき、地球社会の縮小版としての「多文化共生・多民族国家・マレーシア」が最も魅力的でかつ適した国であると考えるに至った。

提案は通り、伊川谷高等学校二度目の海外修学旅行は「タイ」から「マレーシア」へと訪問国を変更した。決定後、私は、今一度手綱を引き締める思いで詳細な計画を立て始めた。

一番のキーポイントとして考えたことは、マレーシア人との触れ合いのなかから生徒の心を変化させることであった。単に風光明媚な観光スポットをまわるだけでなく、自然な形でマレーシアの人たちと関わり合い、交流できるようなプログラムをと、村でのホームステイ（1泊体験）やホームビジット（1日体験）、マレーシアの学生にガイドとなってもらった小グループでの1日班別自由行動などのほか、青年海外協力隊員が赴任する専門学校でのマレーシア学生との交流などをパーツに選びながら1つずつスケジュールに盛り込んでいった。

日本に住んでいる限り自分にまったく関係がない、と考えていた外国の人とコミュニケーションを図ることによって、海外やそこで暮らす人々への距離感を縮め、先入観や自分のなかに無意識のうちに存在している偏見などを取り除くことはできるはずである。また、

セルダン農科専門学校での交流の様子

そこから、少しでも地球市民として考えることのできる自分自身へと変化させることができれば、海外修学旅行の目的は達成できると考えていた。

10代後半の多感な若者が、アジアに漂っている今の日本では感じられにくくなってしまった「何か」をそれぞれの心のなかに見つけることができるような旅。

私のイメージのなかで、マレーシアで楽しそうにしている生徒たちの姿が浮かんでは消え、次第に輪郭ははっきりしたものになっていった。

高校生にとっての異文化とは

「先生、もう少ししおりに詳しいものま

で載せといてよ。」

ホームステイから帰ってきた生徒が笑いながら少しすねたような口ぶりで私に言った。生徒たちのもつしおりには、簡単なマレー語会話集をイラストとともに載せ、英語だけでなくマレー語でも簡単な会話ができるようにしておいた。かつてモルディブ到着当初に英語でしか話せなかったときと、時間が経ちモルディブ語を覚えて話せるようになったときでは、彼らのなれなれしさというか親近感がまったく違うことを体験していた私は、生徒たちも同様の体験ができるよう考え準備しておいた。ホームステイ先では、マレーシアの人たちが逆にしおりを手にとって、日本語を聞き返したりするシーンもみられたほど、私の予測をはるかに超える親密度が出てきていてうれしい誤算となった。

事前学習として、マレーシアからの留学生や日本在住のマレーシアの人からの日本語による講演を開催したり、夏季休業中の課題として生徒たちにマレーシアに関することを調べさせたりもしたが、渡航前、生徒たちの頭のなかに浮かぶマレーシアのイメージは、汚い、田舎っぽい、発展していない、などのマイナスのイメージのものがほとんどであった。ところが、帰国後のアンケートで、英語が「かなり通じた」と「まあまあ通じた」を合わせて73%、マレー語が「かなり話せた」と「挨拶程度は話せた」を合わせて49%という数字を受け、コミュニケーションが「かなりとれた」と「まあまあとれた」で78％もの高回答になるまで生徒たちの気持ちは変化したのであった。それは、一番楽しかったことが、「人とのふれあい」（38％）になっていることにもつながり、渡航前と後で、生徒たちのマレーシアへのイメージは180度転換したようなアンケート集計結果が得られた。

また、帰国後、「世界の中での日本」「身近な差別や人権侵害」をテーマに計4時間行った人権教育の授業では、自分のなかにあった外国人やマレーシア人に対する偏見や先入観が、現地の人たちと実際にふれあうことでものの見事に崩れ、自責の念を感じるとまでの意見を書く生徒も出てきた。その上、「身近な差別や人権侵害」というテーマにもかかわらず、マレーシア修学旅行で感じたことを日本での身近な日常での場面に置き換えて考えるような言葉もみられ、外なる世界が内なる世界の変化にまで影響を及ぼしていることがうかがえた。

マレーシアへの修学旅行を考え始めていた時には想像もし得なかった柔らかい感覚をもつ生徒たちの反応に、海外修学旅行の意義を反対に教えてもらうことにもなった。

エピローグ

青年海外協力隊員として、モルディブで暮らした2年間はモルディブの人たちへの「技術援助」という名目ではあったが、教えたことよりも教わったことの方がはるかに多かった。

少しずつ「よそもの」から「住人」に変化していくなかで、モルディブの人たちからもらった大切な「宝箱」。その「宝箱」に入っていた種を蒔き、水をまくことが、彼らへの感謝の気持ちを最も表すことになる。教育の現場で、1粒でも多くその種から芽が出て大きく育っていけるよう、肥料を上手に足し、手を加え続けていくことが、帰国後も続く私の青年海外協力隊員としての活動だと考えている。

つながる時代に

2011年7月、第19回アジア陸上競技選手権大会が神戸総合運動公園ユニバー記念競技場で開催された。私がモルディブから帰国してすでに21年が過ぎていた。

派遣されていた当時、インド洋を渡って届くハガキや手紙は時に行方不明となった。ネット社会の到来にはまだ少し時間が必要な時代で、帰国の日、私は選手たちとの今生の別れを感じながら飛行機のタラップをのぼっていたのだった。実際、帰国後数年はやりとりのあった Season's Greetings Card もいつの間にか途絶え、私の中でモルディブは再び遠い世界となり、選手たちの輪郭は次第にぼやけていっていた。

今、世界はネットでつながっている。アジア陸上で競技役員をしていた私は、来日した当時のモルディブ陸上競技協会の副会長アリ・マニク氏と競技場のスタンドで再会の握手を強く交わしたり、初めて出会ったモルディブ選手を休日の神戸観光に連れだしたりして、モルディブ陸上競技の今を彼らから聞くことができたのだった。いずれも事前にインターネットや電子メールで情報を交換していたからなし得たことで、懐かしの再会も、かつての教え子から選手を介して私へと託されたお土産を受け取ることも実に簡単な仕業であった。

2015年の今、私はフェイスブックで陸上競技協会のコーチに就任した教え子と時々、「元気か?」などとリアルタイムでのメッセージ交換をしている。当時の選手が陸上競技の指導者となり、陸上競技協会のみならず、障害者スポーツの組織づくりの中心メンバーになっていたりもする。蒔いた種が芽を出し、時間とともに少しずつ太い幹に成長していっているモルディブスポーツ界の今を、簡単に知ることのできるそんな時代になった。

しかしながら、私は学校現場で高校生に接しながら、いくら簡単に途上国の現状を知ることのできる世の中になっても、彼らの興味関心のアンテナはそう簡単に途上国情報を捉えてはくれないことを実感している。大量にあふれている雑多な情報の中から「途上国」をキーワードに検索する生徒の数は多くはない。彼らにとっての途上国とは、いまだ自分と接点のない無関係な存在でしかないのである。

6年前に勤務し始めた兵庫県立夢野台高校の修学旅行が3年前、行く先を初めて海外に変更し、「マレーシア」がその渡航先に選ばれた。運命の巡り合わせといえるかもしれないが、私はその最初の学年団の主任となった。そして伊川谷高校でのノウハウを活かしながら前回以上のアプローチを考え、粛々と準備を進めてきた。

準備開始から1年7カ月。いよいよ、生徒たちが途上国を実体験する瞬間がやってくる。

青年海外協力隊員の活動現場を、訪問先の1つに選んでいるのはいうまでもない。


斎藤　亨　神戸市須磨区在住。

1983年、筑波大学体育専門学群卒業後、兵庫県立神戸高等学校に保健体育科教諭として勤務する。

1988年、同校在職中に青年海外協力隊に参加し、インド洋に位置するモルディブ共和国にて2年間、陸上競技の指導者として活動する。

2007年、県立伊川谷高等学校在勤中、同校第2学年の修学旅行先にマレーシアを選び、協力隊員の活動体験も含めた研修内容の企画、立案に努めた。

2010年より県立夢野台高等学校にて勤務する。

2015年11月、夢野台高校初めての海外修学旅行でマレーシアを訪問予定。

第2章　異文化との出会い、そして再びスリランカへ

夢の集大成が協力隊への参加

子どものころから、新しいものや珍しいもの、普通と少し違うものに興味があり、小学生の時から地理が好きで、教科書に載っている外国の風景や暮らしぶりの写真を見ながら、いつか自分の目で実際に見てみたいと思っていた。

中学校に入学し、楽しみにしていた部活動を選ぶ際、なにげなく見に行った体育館で体操部が練習をしていた。先輩たちが練習していたバク転や宙返りを見て、自分もあんなふうになりたいとあこがれて体操部に入部した。その後、練習するたびに、いままでできなかった技ができるようになる喜びに夢中になって練習した。家のなかで倒立の練習をし、ふすまにぶつかったりして親に怒られたりもした。この体操との出会いが、現在の職業である体育教師へとつながり、青年海外協力隊への参加にもつながった。

大学は体育学部に入学し、連日器械体操の練習に明け暮れていた。卒業後の就職のことを考え始めた3年生の頃から、中学校教員を目指すことを志し、無事に採用試験に合格して体育の教師になることができた。

青年海外協力隊へのきっかけ

好きな体操を思う存分やり、望んで体育の教師になったわけであったが、将来的にこのままでよいのだろうかと思うようになっていった。

教師になって3年が過ぎようとした2月のある日、校長に呼ばれ、野外教育施設の指導員にならないかと勧められた。私はこれを機会に一度学校を離れて自分の将来のことを考え直してみようと思い、引き受けることを決意した。

野外教育施設での勤務が3年目を迎えた1987年の秋、職場での回覧資料のなかに青年海外協力隊募集の資料をみつけ、横浜での説明会に行ってみることにした。青年海外協力隊のことは以前から知ってはいたが、語学が苦手なことや仕事の身分保障の部分で参加することにためらいがあった。もともと、海外旅行が好きで、タイやフィリピンに行ったときに貧しい生活をしている人たちがたくさんいることを知って大きな衝撃を受けた。タイで出会ったある少年は、家が貧しいがゆえに学校に行けず、家計を助けるために働いていた。信号待ちしている車のガラスを拭いてお金をもらう少年、花を売る少年など実に多くの少年たちが普通なら学校に行く時間に働いていた。恵まれた生活をしている日本の子どもたちと生活のために働かざるをえない海外の貧しい子どもたちの姿を比べると複雑な気持ちになり、これが青年海外協力隊に応募するきっかけになった。

青年海外協力隊への挑戦

募集要項を読むうちに参加への意欲が強く湧き、職種は実務経験がある体育か体操競技、語学は1年ほど前から将来何かの役に立てばと英会話の学校に通っていたのが少しは役に立った。

しかし、現在の仕事をどうするかは悩む日々が続いた。派遣前訓練開始が4月からなので仕事の区切りとしてはちょうど良かったが、休職するか最悪の場合は退職かと覚悟を決め、当時の職場の上司に受験の相談をした。あとで知ったことだが、身分保障については、上司の所属長と課長が県の教育委員会や協力隊の事務局に問い合わせをして、良い方法がないか相談をしてくれていた。

応募の職種は体操競技の方が合格の可能性が高そうだったので体操競技の職種で応募し、1月の1次選考、2月の2次選考に合格し夢が現実味を帯びてきた。身分措置のほうもちょうど派遣法という法律ができ、私の場合、派遣という措置で協力隊への参加が可能になった。

そして、1988年7月、2カ月半に及ぶ長野県駒ヶ根市での派遣前の訓練を経て私は昭和63年1次隊の一員としてスリランカに派遣されることになった。

子どものころからの海外へのあこがれ、体操との出会い、教師としての新しい分野への挑戦が発展途上国の国づくりに少しでも役に立つのならばとの想いが協力隊への参加の動機になった。この想いをもち続けることが協力隊の活動を続けるうえでとても大切なことだと気づかされた。

スリランカへの派遣

スリランカはインド洋に浮かぶ島国で北海道の8割ほどの面積で、かつてはセイロンと呼ばれ、紅茶と宝石の産地として有名な国である。私はこのスリランカに1988年7月から1990年7月までの2年間、体操競技の隊員として活動した。私の任地は首都からバスを2回乗り継いで6時間ほど南に行ったアクレッサという町にあるニルワラ教育大学に決まった。日本の無償資金協力で作られた大学で、町はずれのジャングルのなかに忽然と視界が開け、別世界のような施設が出現する。全寮制であり男女別の宿泊所、校舎、職員用の住宅、体育館に天然芝の400mトラックなどがあった。3年制の教員養成大学で学生たちは将来の先生を目指して学んでいる。私は学生たちに週1回の割合で体育を教えた。授業は日中の暑さを避けて午後4時半から6時までで、その後、7時半ごろまでがクラブ活動の時間になっていた。クラブ活動では体操部を作って指導した。

活動する上でまず困ったのが、言葉の問題であった。スリランカの公用語はシンハラ語、タミル語、そしてイギリスの植民地だった影響で英語が使われている。私の生活圏で使用した言語は、学校や日常生活はシンハラ語で、銀行や官公庁は英語が用いられた。

私は、長野県駒ヶ根市での派遣前訓練をシンハラ語で行った。簡単な自己紹介とちょっとした買い物ができる程度の会話能力は身につけたが、ニルワラ教育大学に赴任当初は相手の言っていることが理解できなかったり、私の考えが伝わらず、随分ともどかしい思いをした。

授業の前にシンハラ語でどんな説明をするのかを考えて授業に臨むなど、自分なりに努

近隣の農家を巡回指導する河野君（スリランカにて）

力する毎日が続いた。ようやく慣れてきて3、4カ月経つと知っている簡単な単語をならべて会話ができるようになった。もっとも、体育の場合は奥の手があり、見本を見せて、「こうやるのだよ」という言葉を付け加えれば大概は済んでしまうのでシンハラ語はあまり上達することがなかった。

指導開始

いよいよ体育の授業が始まった。大学で運動会があるというので陸上の授業から始めることになった。

まずは準備運動として400mトラックを1周するように指示をした後、50mダッシュを3本やるうちに、女子学生たちが

「先生、気分が悪い」とつぎつぎと言い始めてきた。あとで聞いてみると、こんなに走ったのは生まれて初めてだったそうで、これを聞いてまた驚かされた。スリランカの子どもたちはさぞかし小さな頃から野山を駆け巡って遊んでいるのだろうと想像していたが、暑いこともあって家のなかで過ごすことが多いらしく、女の子は日本でも昔そうだったように家でおとなしくしているように育てられることが多い。

ニルワラ教育大学での活動が軌道に乗り始めた矢先、国内の治安が悪化していき、とうとう大学が長期の閉鎖となり、私は首都に引き上げざるを得ない状況になった。首都にいるときは、以前協力隊員が指導していたアーナンダ・カレッジという学校で器械体操を教え、そこには高校生が5～6人練習に来ていた。体操の器具は一応そろっていたが、つり輪は握るところの輪が欠けていたり、鉄棒は車輪をすると天井が低くて足が天井に触れそうになって怖かったり、床がコンクリートでマットも薄いビニールの生地ですべりやすいなど施設面では十分ではなかったが、生徒たちは一生懸命練習に取り組んでいた。スリランカ人のコーチも意欲的で熱心に指導していた。

異文化の体験

スリランカの食事の基本はカレーになる。朝、昼、晩の3食がカレーで、私は全寮制の学校で学生たちとほとんど同じカレーを毎日食べていたが、なかなか口に合わずに2年間苦労の連続であった。スリランカのカレーは日本のカレーと違ってルーに小麦粉などを使っていないので水っぽいものが多い。また、ジャガイモのカレーとか魚のカレーといったように具が1つで1種類のカレーになり、具によって香辛料の種類も違う。

米は日本の米と違いパサパサしている。パーボイル米といってもみを煮てから精米するため、炊くとごはんが腐ったような匂いが残るため、この独特な匂いのごはんと辛いカレーは結局2年間慣れることはなかった。

また、私がスリランカで活動した1988年から1990年にかけて、シンハラ民族主義政党である人民解放戦線（JVP）とスリランカ政府、タミル人の分離独立を目指すタミル・イーラム解放のトラ（LTTE）とスリランカ政府との戦闘が激化し、外出禁止令がたびたび出された。夜間であったり、全日外出禁止令が出されることもあった。外出禁止令が出されると店も閉まり、人や車の往来はまったくなくなる。私も家の外へは一歩も出ることができなかった。窓から外の様子をうかがうと、日中なのに静まり返った町はテロ活動への不安から緊張した雰囲気が伝わってきた。私の任地の南部地域は、人民解放戦線の活動が活発な地域で、国営の施設が襲撃されたりもした。こういった緊張感はまったく日本にはないものである。

日本を見つめ直す

2年間の活動をとおして、自分自身が劇的に変わったというものは特になく、いままで気づかなかったものに気づいたり、考えがより深くなったと感じる。

あるときスリランカ人から盆栽を教えてくれと頼まれたことがあった。ブーゲンビリアの盆栽を作りたいということだったが、松やサツキの盆栽を見たことはあっても、盆栽の基礎的な知識はまったくなく、ブーゲンビリアとなるとイメージさえ浮かんでこなかった。またあるときは、空手を教えてくれと言われたことがあり、彼らに聞くと、日本人は皆できるものと思っているようである。

私たちは日本の文化や伝統に対して固定観念をもってしまっているが、外国の人は日本人とは違った感覚で日本の文化や伝統を見たり感じたりしている場合があり、思いもよらない発想をすることがある。私自身もっと日本の文化や伝統について理解をしなければいけないとつくづく感じた。

日本は水道の水を直接飲むことができる数少ない国の1つだが、スリランカの水道水は直接飲めない。私は、まず水をなべに入れて5分ほど煮沸して熱湯消毒をする。その後2時間ほど冷ました水を、さらにろ過器にかけてからもう一度沸かして、紅茶を作って飲んでいた。飲み水の準備も大切な日課であった。

友の死をきっかけに

隊員活動を終えて帰国してから長い年月が過ぎ、中学校での仕事を通してできる限り生徒たちに隊員活動を伝えてきたが、自分から積極的に国際協力に関わる機会が無かった。しかし、2年間苦楽を共にした友人の死をきっかけに、もっと積極的になってみようと考えるようになった。

平成17年1月26日に、昭和63年1次隊の同期隊員である友人が、事故が原因と思われる病気で亡くなったとの一報が入ってきた。「何かの間違いではないか」「なぜ?」といった想いが頭のなかをかけめぐり、彼の死が信じられなかった。39歳の若さで、奥さんとまだ幼い3人の娘を残して彼は亡くなってしまった。ご両親の悲しみは私には想像もできない。

残念ながら仕事の関係で葬儀に出席できなかったが、亡くなってから3週間ほど後に、宮崎の実家を同期隊員3人で訪れた。友人とは14年前に私の結婚式に出席してもらって以来会っていなかった。人一倍元気で活動的であった彼が死んでしまったことが信じられなかった。

実家を訪問した際、友人のご両親からいろいろな生前の話を聞くことができた。農業と養豚を営む家の跡取りとして意欲的に活動していた彼は地域でも期待された存在であったという。農協の青年部員、PTAの役員、消防団員、地域のバレーボール部員といった活動に精力的に関わっており、まさにこれからといった矢先の友人の死であった。

お父さんに豚舎を案内していただき、これからの養豚を考えて、いろいろな工夫や計画をしていた友人の様子が伺えた。生前に奥さんだけに打ち明けていたそうだが、早く家業を安定させて、将来はスリランカに農場を作るのだと言っていたとのことである。スリランカ人の研修生を受け入れたり、協力隊希望者の農業研修をしたりと帰国後も国際協力に積極的に関わっていた。スリランカに「河野ファーム」を作るのは、彼には単なる夢ではなく、本気で考えていたことなのだろうと感じた。友人の死をきっかけに、追悼文集を作成したりして同期の隊員やスリランカのOB・OGの隊員とも連絡を取るようになった。友人が私に「もう一度協力隊の活動に関われよ」と言っているように感じた。私もあと数年で定年を迎える。友人も10年後に「河野ファーム」を作る計画をたてていたようで、土地はどうやって確保するのか、資金はどのくらい必要なのか、どうやって運営するのかなど課題は多いが、できる限り彼の計画を進めてみようと考えている。

そのため、3年ほど前から我が家の小さな畑で野菜作りを始めた。トマト、ニンジン、ネギ、インゲン、ピーマンなどを作っているが、おいしい野菜はなかなかできない。土はどうやって作るのか、種はいつ、どうやって植えたら一番よいのか、肥料はどのタイミングでどのくらいの量をやったらよいのかなど、毎回試行錯誤の繰り返しである。野菜作りは奥が深いぶん楽しいものだが、これを職業にするとなると大変だろうなとつくづくと実感する。あるとき、汗まみれになって畑仕事をする私に妻が半ばあきれたように「よくやるね」と声をかけてきた。私は、「趣味が半分、あとの半分は河野ファームの練習だから」と答えた。

国づくり、人づくり

2年間の任期を終え、任地のニルワラ教育大学を去る際に校長が別れの会を開いてくれた。私はこれから教師として活躍するであろう彼らにスリランカの国づくりのために人材を育てるのだと激励した。そして、「私は日本に帰って日本の国づくりのために働きます。」

といった内容のスピーチをしたのを覚えている。

現在中学校の教師として生徒たちと接していて、世界のなかで他国と対等につきあえる日本人を育てる必要性を感じている。日本の教育には国際社会で生きていくための教育が不足している。そういった状況のなかで、自分にできることは、少しでも協力隊での体験を伝え、外国のことや協力隊のことについて興味をもってもらうことだと考えている。生徒たちには折に触れて、スリランカでは水道の水が直接飲めない話や1年中熱い気候での生活ぶりなどの話をよくする。生徒たちは真剣なまなざしで私の話を聞いてくれている。なかには「将来自分も協力隊に参加してみたい」という生徒も何人かいた。

私の知り合いの娘さんが、青年海外協力隊員としてザンビアで活動してきた。私のスリランカでの体験談を聞いて協力隊に興味をもってくれたそうで、彼女が協力隊員として活動した経験をこれからの生活でいかしていって欲しいと願っている。

挑戦は続く

2010年4月、宮崎県南部を中心に家畜の伝染病である口蹄疫が流行した。「河野家は大丈夫だろうか」と心配だったが、被害が少なからず及んでいることが予想されたため、

1カ月近く河野家に連絡することができなかった。意を決して連絡をしたところ、予想以上の被害であった。家族で大切に育てていた豚がすべて殺処分、野菜なども風評被害で地域での売り上げが減少したとのことであった。9カ月ほどたって河野家を訪問し、いろいろ話を聞いたが、町の数カ所で処分した家畜を埋めた場所を見て、被害に遭われた人たちの悲しさや悔しさを思わずにはいられなかった。被害から5年を経て、徐々に回復しているようだが、以前の状態に戻るにはまだ時間がかかるようだ。

協力隊での経験は私の宝物である。気力・体力ともに充実していた時期に素晴らしい経験をし、友を得たことは、帰国して25年がたっても色あせることはない。私はあと2年ほどで定年を迎える。定年後は、再びスリランカで好きな農業をしながら生活してみたいと思っている。農業の経験は趣味程度であるが、なにかしら、スリランカのお役に立てれば良いなと考えている。家族を日本に残して単身で行く予定にしている。そのためには条件が整わなければならない。家族が健康であること、経済的な見通しがたつことなどである。スリランカに行けたとしても課題はたくさんある。不安なことも、考えたらきりがない。すべて自分で準備する以上、課題は1つひとつ自分で解決していくほかはない。事前に下見に行く余裕もなさそうなので、まずは定年後にスリランカを旅しながら自分に何ができるのかを考えてみようと思う。数カ月であきらめて帰国するのか数年になるのかわからないが、挑戦は続く。

参考文献

在日本スリランカ民主社会主義共和国ホームページ。
杉本良男『もっと知りたいスリランカ』弘文堂、1987年。

久保木勝　1958年、神奈川県横須賀市生まれ。
体育大学卒業後、葉山町・逗子市の公立中学校で体育教師として勤務。1988年から2年間、青年海外協力隊員としてスリランカに派遣され、体操競技の指導を行った。

第3章　協力隊が変えたもの

青年海外協力隊に出会う

現在、私は日本の農村をフィールドにした活動をしている。以前は想像もしていなかったことだ。協力隊の経験が視野を広げる転機となった。

私が青年海外協力隊に出会ったのは、確か小学校高学年の時だった。長野県駒ヶ根市に訓練所が開所したため、所属していたガールスカウトで見学に行った。多感な時期のこの出会いは、私の内面に大きな影響を与えたと思う。またガールスカウト活動のなかで、ユニセフ募金をはじめ、日常生活では接点のない世界に触れてきたのも動機付けになった。テレビで途上国の現状を目にするたび、他人事では済まされず「自分も何かしなければ」と思っていた。

高校を卒業し都会で学生生活を送り、卒業後は地元の公立保育所に勤務した。人間が人生の土台を築く幼児期に、将来自立する力と、自分を信頼し大切にする自尊心を育てていく保育の仕事は、未来を育てる仕事であり、やりがいがあった。保育士としてある程度の経験を積んだ頃、「途上国のために働きたい。未だ見ぬ世界を知ってみたい」という思いが強くなっていた。

仕事以外では、友達と一緒に地域イベントをいくつも企画実施し、ガールスカウトのリーダーもやっていた。「人形劇のまち飯田」にいるからと、人形劇団に入り公演もした。習い事もしたし、週末には山にも海にも出かけ充実した私生活を送っていた。このままでも十分楽しく、なんら問題はなかった。それでも「このままの生活でよいのか」という問いと、「協力隊に行きたい」という想いが抑えられなくなり、一歩踏み出すことにした。

すると、次々と不安が湧き出てくる。職場には何と言おうか、職場で気まずくならないか、帰ってきた後の生活はどうなるのか、仕事を辞めずに参加する現職参加制度を利用できるのか、2年もの長い間留守中の家族はどうなるのか、高齢な祖父母にはもう会えないかもしれない。友人らに相談するうちに、どうしたいのかがわからなくなった。そして、悩んだ末に、協力隊参加希望を上司に告げた。その後試験に合格。中米のニカラグアが派遣先となった。関係者のおかげで、現職参加制度も無事整った。

いざ、ニカラグアへ

「ニカラグア上空に入った」と、機内アナウンスが流れる。空から見たニカラグアは、一面を緑で覆われた美しい大地だった。成田を発って2日目、ニカラグアに到着。

中米ニカラグアは、ホンジュラスとコスタリカの間に位置し、太平洋とカリブ海に面する。人口約480万人、九州と北海道を足したほどの面積をもつ。熱帯雨林気候で、雨季と乾季があり、日本の夏より暑い。主な産業は、バナナやとうもろこし、タバコなどの農業だ。1人あたりのGNPは、460ドル（当時）。

約10年にわたる内戦と大きな地震の被害のため、中米一貧しい国と言われている。貧富の差が激しく、特に首都ではストリートチルドレンがたくさんいた。汚れた素足にボロボロの服を着て、車がひっきりなしに通る危険な道路に立ち、物を売り、また物乞いをしていた。日本の子どもとはあまりにも違う姿が、悲しかった。

任地、オメテペ島の暮らし

「どんな2年間になるのだろう」期待と不安を抱えながら、木の船へ乗り込んだ。

琵琶湖の11倍、世界で10番目に大きいニカラグア湖のなかに、私が2年間暮らしたオメテペ島がある。首都からバスで3時間、船に乗り換えて1時間。緑に覆われた美しい島だ。

この島は、陸地の町に比べ全体的に物が少なく人々は質素に暮らしている。バナナ畑やジャングルのなかに村が点在し、わら葺き屋根やトタン屋根の簡素な家が建つ。村を結ぶのは、シートが破れて内装も錆びて、途中でパンクするボロボロのバスだ。舗装していない道なので、バスが通ると視界ゼロの砂埃に包まれる。この島へは初派遣。島の人にとっては日本人を見るのが初めてだった。

港町のカトリック教会の質素な1室が私の部屋となった。島へ到着した日の夜は、町の発電所が故障のためロウソクの灯りで過ごした。真っ暗な夜、初めて見るオメテペ島の星がとてもきれいだったことを思い出す。「あぁ、ここで暮らすんだ」としみじみ思った。

1カ月程広い教会に1人で住んでいたが、治安が良くないからと教会役員の家に引き取られた。この家もレンガの壁にトタン屋根の家で、部屋のドアは布のカーテンだ。部屋といっても壁は屋根まで仕切られていないので、音や光、臭いまでも筒抜けだ。トイレの音、話し声、夜の灯り。自分の生活ペースとは関係なく、他人のペースが入ってくる。最初は、日本人的な感覚で気を遣って暮らしていた。距離が近すぎて疲れてしまい、一緒に暮らすことがとてもつらくなった。しかし、そんな自分とは対照的にステイ先の家族は、気にも

村の生活 ―ニカラグア湖での洗濯―

せずに暮らしている。ほとんどが大家族で暮らし、一部屋だけの家も多い。昔の日本も同じように暮らしていたのだと思う。寛容に、許しあって、他者を受け入れながら生活しているのだと思った。ステイ先の家族のように、私も気にしないように心がけてみた。そして、やっと気持ちが楽になった。

島の生活にはクーラーや掃除機や洗濯機がない。庭先の貯め水か湖で洗濯をする。忙しい時や疲れた時は、電化製品が恋しかったが、スイッチ1つでOKという便利な生活にはない、実体験の多い生活が楽しかった。ただ、常に襲いかかる無数の蚊と、その傷口がいつも膿んでくるのには閉口した。

また、「お風呂に入りたい」とよく思った。どの家にもお風呂はない。熱いシャワーもなかった。皆、庭先や湖で水浴びをする。私は時々鍋でぬるま湯を沸かして浴びた。体を温めるとリラックスするのだと、水浴び生活のなかでお風呂の心地よさを感じた。

そして、何よりも大きく立ちはだかったのは言葉の壁だ。着任後数カ月は話しかけられるのも、一緒に食事をするのも苦痛だった。日本語なら10分で書ける資料が、翻訳すると何時間もかかり嫌になった。また、言葉の機能は意思を伝えるだけではないことを知った。声を出して話すことは、ストレスを発散し心の安定につながる。話す人がいない生活でそのことを実感した。数カ月ぶりに首都へ行き同期隊員と会う時、私はとてもお喋りになった。

しかし、言葉がわからなくて良いことが1つだけあった。赴任当時、村人は初めて見る日本人を面白がり冷やかしの言葉をかけてきた。さらに「日本人はお金持ち」と考える人たちは、お金の援助依頼のため会いに来た。私は何を言っているのか理解できず困った顔をするだけだったので、皆諦めて帰った。言葉がわからなかったおかげで、この島の人たちの印象が悪くならずに済んだ。

島での仕事

私の任務は、ニカラグアの家族省が食料を提供する8村8カ所の給食所で働くことだった。お昼になると集まってくる母親や子どもたちを対象に「衛生、栄養、遊び、発達、健康などについて指導する」というものだ。

しかし、一緒に働くはずの神父様が教会の事情でいなくなっており、状況は大きく変わっていた。教会役員が代役をすることになったが、本業外の仕事のためやる気もない。食料もこの島には毎月届かず、給食所も開いていないと言われた。「いつ食料が来るのか?」と尋ねると、「もうすぐ食料も一緒に働く人も来るから、それまで待て」と言う。「明日は一緒に給食所へ出かけるから」と言うものの「明日」になると、「また明日」の繰り返し。筆談で想いを伝え状況を尋ねた。約束も守ってもらえなかった。食料は届いていても関係者の自宅用の食事に使われていた。

言葉がわからないなか、自分が置かれている状況を正確に理解したのは、この島へ来てすでに2カ月程経っている時だった。「最初から正直に話してくれれば、もっと早く他の方法を考えたのに。私にとっては、2年間のうちのかけがえのない毎日だ」と言えるだけの語学力もなく、とても悔しかった。

1人で村へ

「とにかく給食所のある村へ行って自分で仕事を探すしかない」と思い、道を尋ねながら、8つの村をまわってみた。村と村の間は距離があり、せいぜい1日に1~2つの村で活動するのが精一杯だ。

村へ入ると、見知らぬ中国人が来たと好奇の目でみられ「チニータ、チニータ（中国人）」という声が飛んできた。家の陰から覗いたり、ジーッと見ているのがよくわかったし、小石やバナナの皮が飛んできた時もあった。自分は危険な人物でないことを伝え、受け入れてもらえるように「こんにちは」と人懐こく声をかけ続けた。

各村では、道端で遊んでいる子どもたちを誘って遊び始めた。スペイン語はまだほとんど話せなかったが、言葉はなくても子どもたちとは一緒に遊べた。できることから始めようと思った。活動できずに過ぎた毎日がいとおしかったからだ。

また、日本から持って行った3冊の絵本も、初めて訪ねる村の人々とコミュニケーションをとるのに役立った。絵本を見たことがない子どもや大人たちに訳して読み聞かせた。さらに、遊びの幅が広がればと、日常生活でなじみのあるロープや石、木の棒などを使った新しい遊びも教えた。遊び場は村の道や給食所だ。給食所と言っても、土の上に丸太棒が立ち、トタン屋根がのっているだけの壁も机もない場所である。裸足になって子どもたちと走り回り、お腹がすけば、道端のマンゴー、グァバ、オレンジをもぎ取って食べる生活。子どもたちはとにかく逞しく、人懐こく、明るかった。子どもたちと仲良く遊んでいる姿を見せるうちに、村の人も安心して、だんだんと信頼してくれるようになった。

親切な村の人々

村の人たちは、とても親切だ。絵本や教材が入った袋を担いで歩いていると、子どもや腰の曲がったおばあさんまでもが「ミチコ重たいでしょ、運んであげるよ」といつも手伝ってくれた。そんな親切を受けるたび、ここに来て良かったと思った。大家族のなかで助け合って生活しているので、他人への手助けも自然にできるのだろう。

また、村のなかを歩いていると「今日は魚がとれたから、食べにおいでよ」「まだお昼食べてないでしょ」といつも食事に誘われた。わざわざ食事を届けてくれる家庭もあった。食事と言ってもとても質素なものだ。出してくれた食べ物のなかには、蟻や砂が混じっているし、水も透明ではなく苔臭い。食器もヒビが入り、黒カビで色が変わっている。それでも、彼らのおもてなしの心は十分に伝わってきた。最初は、それを食べるのに勇気がいったが、彼らの屈託のない暖かい気持ちに押された。「えい！」と1回食べてしまえば平気になった。お腹も痛くならなかった。こうして各村へ通ううち、相談できる人や協力者ができてきた。

親切な村の人々、私が訪問しない日もバス停でずっと待ってくれている子どもたち。1人で活動を続ける私のモチベーションは、彼らだった。

協力者と一緒に

「何が必要なのだろう、何ができるだろう」と考えながら、各村を歩いた。

ある日、黒い液体を飲む赤ちゃんに出会った。「これは何？」と尋ねると、コカコーラだった。「コーラはビタミンが豊富だから値段が高いけれど飲ませている」と言う。甘いコーラに慣れてしまうと、赤ちゃんは母乳を飲まなくなり栄養不足になる。日本では当たり前な栄養の知識を知らない。そこで各村の協力者と一緒に栄養、健康、発達についての講習会を開いた。言葉が足りない所は、絵や道具でカバーし、内容がわかるようになってきた協力者が補足してくれた。1軒1軒訪ね歩き、協力者にも頼んで講習会を知らせた。何もなかった給食所にだんだん人が関わるようになってきた。また、島外にある家族省へ出かけ、給食所の様子を実際に見てもらい支援を頼んだ。

迷い道

島の港町で、日本人旅行者にお会いした。「色々大変なのではありませんか？」と聞かれた。「大変なことも悩むこともあるけれど、すべてが楽しいです」と答えた。本心だった。帰りたいとは一度も思わなかった。それは、悩んで決めて参加した協力隊であり、たった2年間という日々を悔いなく生きたかったからだと思う。

しかし、日本とはすべてが違い、仕事の指針も、マニュアルも、答えも評価も、相談者も、言葉も、何もないところで、何をどうしたらよいのか、何のために自分がいるのかさえわからなくなることはたびたびあった。迷うたびに、何をしたくて、なぜ協力隊に参加したのか、いつも自分のなかの原点に戻った。

多様な視点

バスが通らない村へは、馬か自転車に乗って、石だらけのでこぼこ道を1日がかりで出かけ、夜は村の協力者の家へ泊まらせてもらう。電気のない村も多く日が暮れると大きな蛍がネオンのように輝き、満天の星空になる。ロウソクの灯りを囲んで、家族や近所の人と一緒に語り、笑った。私はこの時間が大好きだった。そして、世の中にはこんな幸せがあるのだと初めて知った。

ニカラグアは、社会資本も整わず保険や年金制度もない。彼らは、未来の不安に向かって生きるのではなく、いつも「今」を生きていた。家族や近所の絆が強く、屈託のない笑顔で分かち合い、逞しく心豊かに暮らしていた。幸せは自分の心が決めるものだと思った。

またニカラグアでは、日本の考え方や均一的な価値観が通用しない。貧富の差が激しい社会では、さまざまなモラルや人が混在し、生活にも違いがあり、その違いを受け入れざるを得ない。違っていて当たり前で、違っていても自信をもって自分の考えを主張し「違い」としてそのまま受け止める。そして自分を見失うことなく生きている。一方、日本社会では違いがあると肩身の狭い思いをし、自信をなくすこともある。

さらに、時間や約束を守る、勤勉である、仕事が速く正確である、効率的で成果があるなど日本では良しとされることが、文化や価値観が違うと同じ評価にはならず日本の常識が通じない。だめなことも、見方を変えると良いことにすらなる。自分が創り上げてしまう「限界、自他への評価、悩み」は視野を広げた時、違う見方ができたり、小さなことだと気づいたりもする。行き詰まった時には見方を変えるため、日本の常識を一度手放してみることが必要だと感じた。これまでの概念を手放すことは、ここの暮らしに適応し、活動を進めていく上で必要なことだった。

振り返ると道があった

任期も残り半年となった頃、ある村の住民から小学校の改築をしたいとの相談を受けた。この村は島の一番奥にあるため援助が入らず、電気も水道もない。学校は老朽化のため錆びたトタン屋根から雨漏りし、2つの暗く狭い教室には生徒が入りきらず外で授業を受けていた。日本大使館の支援制度の「草の根無償資金プロジェクト」として申請するため、島の内外で設計士を探し、首都に住む設計士を見つけた。彼と一緒に何度も村を訪問して集会をもち、どんな学校にしたいか話し合った。村人自身で作る校舎にすること、学校建築工事が働き口の1つとなること、工事作業が職業技能を身につける場となることを願った。また、紙も簡単に手に入らない生活だが、本の世界を伝えたくて図書館設置を希望した。任期中に申請は通ったが、工事着工は帰国後となった。信頼する日本人のM氏に事業を託した。

また任期後半、当初機能していなかった給食所を保育所として位置づけるプロジェクトを家族省が開始し、これまで村の協力者だった人が、保育者となって働くことになった。そして、この島の生活向上を目指すNGO団体と共同の活動も始まり、多くの村人へと対象が広がった。

任期中「やってみたら…」と思うことは全部やってみた。手探りで戸惑いながらも前へ進んだ。帰国してから後悔したくなかった。その多様な体験によって、日本では培われることのない力が鍛えられたと思う。そして、諦めずにやり続ければ結果は後でついてくるものだと実感した。

帰国にあたり、各村では質素ながらも心のこもったお別れ会を開いてくれた。いっぱい泣いてさよならを言った。いつか必ず来ようと思った。

「途上国のために」と思って来たのに、学ぶことや助けられることがなんと多かったことか。

異文化としての日本

協力隊の2年間を終えて日本に戻って驚いたのは、日本人のつまらなそうな表情、日本社会の変化の速さ、そして物が溢れ出る日常だ。以前は気づかなかった。ニカラグアに赴任当初、環境や言葉などのストレス要因はたくさんあったが、必要な物が手に入らず、種類もなくて選べないことが思いのほかストレスとなった。物が十分にあることは、生きることを保障されたようで、首都にある大型スーパー店へ行った時は心からホッとした。ところが、島の人と同じ生活をしているうちに、私は物を買わなくなった。それでも十分暮らせる。物に依存しない彼らのシンプルな生活は、自由で強かった。

また、日本とはまったく違う文化や価値観のなかで、生まれて初めて「私は日本人だ」と意識した。それは今まで気づかなかった日本の魅力の発見の連続でもあった。日本は自動販売機や無人販売が屋外にある。治安も良い。これは、1人1人のモラルや誠実さに関わることだ。また、周りの人のことを考慮する心遣いや想像力、四季や彩を楽しむ繊細さがある。向上しようという意欲や行動力もあると感じた。他国の文化や自然と、共生し融合してきた歴史がある。私は日本が、とても好きになった。そして、失われつつある日本のアイデンティティーを、子どもたちに伝えていきたいと思った。

復職した保育園では、クラスの子どもたちに「ニカラグアのお話」と、体験を物語り風に語った。子どもたちは家へ帰って兄弟たちにその話を伝え、食べ物や本を大切にするようになったという保護者からの連絡もあったし、家のテレビで海外の映像を見ると、次の日は私に報告してくれた。将来、協力隊の道があることを子どもたちに伝えたかった。

先日、保育士を夢みる小学校高学年生から電話が来た。以前、担任した子どもだ。「日本とニカラグアの保育園」というテーマで夏休みの研究を行うとのこと。このような形で子どものなかに残っていることが嬉しかった。

再びニカラグアへ

帰国してから4年目の正月休みを利用して、再びニカラグアを訪れた。懐かしい島の人たちに会いたかったし、自分の仕事のその後を確認したかった。学校建設プロジェクトの小学校は、新しく立派な校舎になっており、希望した図書館も設置されていた。保育所では、一緒に作った教材や遊びが使われていたり、衛生や栄養について説明した内容が取り入れられている所もあった。しかし、閉じてしまった保育所もあった。8カ所の村を全部まわり、4年前の活動を確かめた。また、担当していたクラスとニカラグアの子どもたちのそれぞれの絵と写真を交換し、交流も行った。

日本へ帰る前日、各村にお別れを告げた後、港町のホームステイ先に戻った。誰もいないはずの暗い家のなかに入った途端、拍手がなり急に灯りがついた。そこには近所の子どもから大人30人ほどが集まり笑顔で立っていた。一瞬何が起こったのかわからず驚いたが、すぐに泣き顔になった。サプライズの「お別れ会」だ。ここで暮らせて良かったとしみじみ思った。

改めて保育や社会を考える

ニカラグアの子どもたちは外でよく遊び、水汲みや湖での洗濯、家畜の世話など毎日の生活のなかに子どもの役割がある。4歳くらいの子どもでも、鞍のない馬や牛に上手に乗ってお使いに出かける。馬から落ちても怪我をしないい身体の動きをしており、藪や石だらけの道も裸足で平気で歩いた。こうした日常生活のなかでは、安全な遊び場や遊具はもちろん無く「怪我や失敗」といつも隣り合わせだったが、大人が用意した安全で意図的な環境を超えた「本物の体験」がいつもそこにはあった。豊富な生活体験が生きる力や自信を育てており、子どもたちは実に伸び伸びとした表情をしていた。

一方、日本の保育現場では、年々問題を抱える子どもたちが増え、保育士は危機感を募らせている。常に転ばぬ先の杖がある日本では、子どもが試し考える時間、子どもの力を信じて待つ時間を十分保障していない。

日本の子どもたちが近年弱めている力、人間関係構築能力や自己コントロール能力、そして環境や状況に左右されない逞しさを、ニカラグアの子どもたちは大家族のなかで、生活のなかで十分に培っていた。そして、お年寄りや障害者が坂道に来た時は、抱き上げて坂の上まで運ぶような人間になっている。日本でおきている子どもの犯罪がない。

文明の発達と裏腹に、人間が本来もっている身体と心の力は衰退している。現職参加だったので、何かをもち帰らなければとプレッシャーがあったが、ニカラグアの子どもたちを見た時に「今の日本の社会構造や保育環境では、人間は内在する力を発揮できないのでは？」という、日本にいた時の疑問が確信に変わった。

自然体験教育と豊かさ

日本の子どもたちの身心の体験不足を強く感じた私は、帰国後「自然体験教育」に関心をもった。私自身、子ども時代は畑や野山で遊び楽しかった思い出がある。子どもの頃の多様な体験は、大人になったとき人生の選択肢を豊かなものにするだろう。休日を利用して、県内外のさまざまな自然学校へ出かけ学んだ。

しかし、保育園だけでは限界があると感じた。子どもを取り巻く社会全体を変えていく必要があると思った。自然体験プログラムを通してだけではなく、暮らしや社会そのもののなかで、日本らしさや心の豊かさを育み伝えることができないかと考えた。画一的な評価や効率を求める世のなかで、他人のモノサシではなく自分のモノサシで己をみつめ、その人らしく豊かに生きるための仕組みができないだろうか、そして、昔の暮らしのなかにあった人のつながりや人間中心の生活にもっと目を向けることが必要ではないかと、ニカラグアの経験がそう思わせた。しかし、何をしたらよいのかわからない。そのため多くの関係者の話を聞きに行っていた折、平成16年4月、市役所内にエコツーリズム推進室が新しくできることになり、保育園から異動となった。

新しい世界へ

保育園とはまったく違う生活が始まった。エコツーリズム推進モデル事業が始まり、その事務局を担うことになった。

農村地域の自然や文化や暮らしを、住人と共に見つめ直し、その地域らしさを次世代へ継ぐ仕組みづくりの仕事には希望があった。農村にまだ残っている暮らしの知恵や、人や自然との関係性の中に、豊かさを問い直す新しいヒントがあるのではないかと思った。

農村に入り、住民と信頼関係を築きながら一緒に事業を進めた。「主役は住民、自ら動き楽しみながら、地元を誇りに」を合言葉にした事業では、紆余曲折を経ながらのプロセスを住民自らが創りだすことを支援した。プロセスを共有し協働していくことで、住民自身の動く力が芽生えてくることを草の根の協力隊活動でも感じていた。そして、少しずつ形になり、地元住民による住民のための活動が始まった。

今振り返ると、協力隊活動が活きている。ニカラグアで村人に受け入れてもらうまでの試行錯誤は、地域の現場で人間関係を築く力を育てていたし、目の前にいる人や状況から考える視点も培われていた。

さらに、外部者の在り方についても考えるようになった。地域には個性がある。種が同じでも、土が違えば育ち方が変わるように、同じ方法を当てはめることはできない。その地域らしさを壊さない支援を、現場で考えていくことが必要だと感じるようになった。これらは、行政という立場での現場主義に役立った。

事業では、目標の提示はされたが、そこに至るまでの方法は自分なりに考えなくてはならなかった。行政のやり方やエコツーリズムがまるでわからない中、多くの地域や関係者と進める事業は、私にとっては重いものだったが、諦めさえしなければ結果がついてきた協力隊経験は支えになった。自信をなくしそうな時は、1つ1つ乗り越えてきたニカラグアの生活を思い出して、自分を励ました。

内発的な支援

先進国から途上国へは、多くの援助がなされている。私がいた島にも、食料や薬品などの援助物資がたくさん届けられていた。しかし、一部の権力ある人がそれを奪い、貧しい村人たちに売りつける光景を度々目にした。たとえそのような状況であっても、それが少しでも改善できるように、現場に即した支援方法を見つけていくには、村人に信頼してもらい、言葉や想いを引き出し、耳を傾け、気持ちを寄り添わす必要があった。それは、日本でも同じだ。

日本の農村の仕事では、地域に根を張って暮らしている方にたくさん出会って話をしてきた。初めて地域に係る仕事をする私には、その方々が教師だった。決して表には出ないけれど、黙々と地域の役割を担い、住み続け支えている方々の話には深いものがある。地域に何が必要か、どうしたらよいのかは、その話の中にいつもヒントや答えがある。

また、地域が存続していくには、そこに住んでいる方自らが主役となって動くことが必要だ。何かのきっかけさえあれば、少し環境が整えば、自分の力で歩んでいかれる人や地域はたくさんある。多額な資金や制度がなくても、相手に近いところで一緒に考える姿勢だけでも、相手の中で何かが動きだし次の展開につながることがあった。それは、個人でも組織でも同じだ。

行政は、地域の方々にとって批判や依存の対象ではなく、いかに同じ仲間として信頼され、よきパートナーとして共に歩めるかが求められているのだと思う。

農村からの可能性

過疎高齢化が進む地域の営みを次世代へつなげるために、市役所内に若い世代のＵＩターン定住促進事業を行う部署が設置され、私は地域とのつながりを活かしながら、定住支援を3年間行った。

移住相談は一般企業への就職相談が最も多いが、子育て環境や食糧自給率に疑問を感じて農村地域を希望する若い方も多く、協力隊ＯＢの相談者もいる。その中には、競争市場主義の経済システム、物質的な豊かさ、画一的な価値観に対し、「自分らしさや人間らしさ」を求めてくる方も多い。家族やコミュニティとのつながりであったり、自然と調和する暮らし方であったり、多様なライフスタイルが認められる社会への期待であったりする。これまでとは違う関係性や多様性の中に、新たな可能性を見出しているとも言える。

農村がもつ力「農村力」を求めて来る若い移住者を、次の担い手として受け入れ、農村から新しい時代を発信できるよう、移住者と地元住民とを結ぶのも業務である。

このようなUIターン者の志や可能性、そして農村の魅力に共感できるのも、協力隊の経験と重なるからだと思う。

「協力隊道場」

飯田の協力隊OB有志で平成19年に「協力隊受け入れ会」をつくり、「協力隊道場」の準備を始めた。

「協力隊道場」は、農村で暮らしながら地域に必要な事業を起こす、つまり青年海外協力隊の村落開発普及員の職種のような事業でもある。「道場」と名付けたのは、何もないところから創り上げる活動が、自分を磨き鍛え、まさに生きる道場となるからだ。

「協力隊道場」の実施体制や実務を担うコーディネーターをどうするか、経費の捻出方法や地域でどのように受け入れてもらうかなどを話し合った。何度も協議をして準備をしていたが、各々の仕事が展開期に入り多忙極まったため、結局はそのままになった。

協力隊受け入れ会のメンバーは、飯田にIターンした協力隊OBだが、これまでにない農業分野で起業する者、農産物の新たな品種の栽培と販売を行う者など、多様な顔ぶれだった。共通するのは、事業者として前例のないことに果敢に挑戦し、新しい道を創る姿、地元の方々とのつながりを大切にする姿だった。そのような仲間を誇りに思う。

このOBたちの姿は「協力隊道場」で目指したことと同じだった。空き家を借りて暮らし始め、農村に散らばるたくさんの可能性を新たな視点で見つけ出し、事業を創り出していった。よい意味での大きなインパクトを地域に与えていた。

「協力隊道場」の計画はそのままになったが、その後、総務省の「地域おこし協力隊」事業が全国展開されるようになった。農村の多様な可能性を見つけ出すには、やはりマンパワーが必要だと思った。

交流とお試し暮らし住宅

ＵＩターン定住促進事業に携わり、農村地域に子育て世代の何十世帯が移住した。この事業は定住がゴールではなく、移住者を地域人材として地元住民で活かすことが一番重要だと思っている。

私はこの事業の担当部署からすでに異動していたが、一住民の立場でＵＩターンの方々とは懇意にしていた。ある時、Ｉターンした子育て中の女性が、「街ではなく、ここで働きたい」と言った。かつての農村には現金収入が得られる仕事がたくさんあったはずだし、街でしか働けないのであれば、ここに移住してきた意味がないと思った。農村ならではの仕事を創り出す必要があった。

また一方で、都会のサラリーマン生活を辞めて来たIターン者の生き方を、多くの人に伝えたいと思っていた。家の修繕、子どもの送迎や世話など、都会ならサービス料を支払って済ませていることも、隣近所で助け合いながら暮らしている。味噌醤油やお米は共同作業で作っている。大量消費型の生活ではなく、お互いに分かち合いあるものを活かし合う、都会とは違う効率的な生活だ。自然の恵みに感謝して暮らし、コミュニティを支える一員としての役割も果たしている。

日本社会を鳥瞰的に捉え、社会の大勢に流されることなく選んだ生き方は、日本が失ってきた日本人らしい暮らしや精神性を、生活の有り様を通して再び体現していくものだと思った。そして今の社会の息苦しさに対し、これまでとは違うライフスタイルで風穴を開けていくように感じていた。

公私ともに、何百人という農村暮らし希望者と話をしてきたが、共通するのは「豊かさとは何か、幸せとは何かを問い直してきた人たち」であり、彼らの多くは世界を旅した経験があった。また彼らは、世界や全国の多くの仲間とのネットワークをもっているため、生き方に共感する次のUIターン者を呼び込んでおり、「静かなる改革」を起こしていた。

このようなUIターン者を地域の人材として活かすべく、Iターンした子育て世代の女性たちとグループをつくり、自治会に協力をいただき空き家を借りた。Iターン者の農家民泊とも繋げ、ライフスタイルの発信と多様な仕事づくりの場となる農村のお試し暮らし住宅を運営するためである。古い民家なので、床が傾き、壁や障子も破れていたが、補助金は使わず「空き家修理ツアー」を数回実施した。地元のほか、県内や首都圏からも参加があった。そして平成21年に、一番お世話になる自治会や近隣の方を招待し、お試し暮らし住宅の開所式を行った。

農村での活動

この住宅に、農村暮らし希望者が数日~数カ月単位で滞在した。ここを拠点に地域とつながり、地域のお役に立てる活動をしようと、仕事の後や休日に農村へ行き、グループメンバーと何度も話し合いを持った。またIターン者が講師になって、味噌づくり、草木染めと布織り教室、またフリーマーケットなどを行った。こうした取り組みを近所の方に知ってもらうため、「通信」を発行し、地区の集まりでも報告させてもらった。

失敗もしながらの試行錯誤の末、短期間ではなく長期滞在者の受け入れに変え、平成23年に住宅の管理と活動を共にする管理人を募集した。今も管理人が暮らしている。

また、私は多くのUIターン者とのつながりをもっていたが、移住したばかりの方は、知り合いがいない。地元の方にもIターン者の志を伝えたかったので、関係者が一堂に集う場「農村月イチカフェ」を数年にわたり定期的に行った。UIターン者の家や、お試し暮らし住宅を会場にして、1人1品夕食のおかずをもちより、話す人を1人決めて、移住を選んだ経緯やこれからしたいことなどを自由に語ってもらった。直売所の運営方法など自分の専門分野を話してくれる方もいた。

この楽しい美味しい時間は、貴重な情報交換の場になった。このつながりが広い範囲に広がっていき、UIターン者相互の交流が増えた。

最後に

私が農村で仕事を始めた頃に比べ、今ではもっと多くの若者が、自分らしい生き方を探すようになった。今後はさらに大きな流れになってくるだろう。

農村力を活かすためにできることはたくさんある。私自身は、関わる時間がつくれなくなり休眠状態だが、やるべきことはたくさんあり諦めてはいない。

保育士から現在の仕事へ移り「違う仕事で大変でしょう」と言われることがあったが、職場が違うだけで目指すものは変わっていない。

「各々の可能性が活かされ、その人らしく豊かに生きるには」という保育士としての問いが、協力隊経験を通して保育環境や社会の在り方への問いへ広がり、さらに、地域づくりや社会への関心に広がった。保育士経験が「根っこ」となり、協力隊経験は「幹」となり、農村では「枝」を伸ばすために奮闘し、現在は「葉」を広げるために準備中である。

小林美智子　長野県飯田市生まれ。

飯田市の公立保育所へ勤務。現職参加制度により協力隊へ参加し、平成9年度から2年間、中米のニカラグア共和国へ保育士として派遣される。

帰国後は公立保育所へ復職し、5年勤務した後、飯田市産業経済部エコツーリズム推進室へ異動。環境省エコツーリズム推進モデル事業に3ヵ年携わる。その後、同市結い（U・I）ターンキャリアデザイン室にて、若者の定住促進事業に3ヵ年従事する。

その後は、一住民として農村において活動を行う。

第4章　作業療法士として

作業療法士を目指す

高校時代、障害をもつ人々と共に過ごした闘病生活をきっかけに、私は作業療法士を目指すようになった。

作業療法士とは、身体や精神に障害がある人、または、障害があると予測される人が、自分らしく生きていくために何を必要とするか、どのような能力を必要とするか、を考え、作業（洗顔や入浴など身の回りの世話、趣味やレクリエーション、社会や地域への貢献等を自ら行うこと）を通して、諸機能の回復や維持、発展を促すための治療や指導、援助を行う人をいう。

高校入学後すぐに、体の不調を感じて病院へ行った。すぐに入院することになり手術したが、手術で使用した薬物がもとで骨の病気にかかり手術を繰り返した。内科から外科、整形外科と病棟を移るなか、同じ病棟に入院する患者さんに対して、病や傷を互いにもつ仲間であり共に闘う同志であるというような特別な感情を抱くようになった。高校生の自分に、障害や日常生活における困難について心の苦渋を語る大人たち。それらの人々と病院で生活しながら、障害をもっても人間としての存在価値になんら変わりはない、と強く思うようになった。

そのように思わなければ、同級生が高校を卒業し次の人生を歩んでいる一方で、何年間も闘病生活を送っている自分自身を受け入れられなかった。人にはその人なりの生き方があってよいと思った。また、自分は自分の人生を送るんだ、と決意した。そして、その人なりの生き方に寄り添っていける職業として、私は作業療法士になることを選択した。

青年海外協力隊への応募

病院で働いて3年がたったころ、同僚の看護師が青年海外協力隊に参加することになった。その時、青年海外協力隊の名を初めて知り、自分には無縁で遠い存在だと思った。その後、たまたま参加した研修会で協力隊員としてタンザニアへ行く作業療法士と出会い、作業療法士の協力隊員は少ないということを知った。日本で働く作業療法士のうち青年海外協力隊について知る者は何人いるだろうか、と思った。私は、協力隊を知ってしまった使命のようなものを感じた。また、自分らしい人生を送りたいと考えることは同時に、自分らしさとは何か、という問題と向き合うことでもある。作業療法士になった当初は、作業療法とは何かを考えると同時に、自分らしい作業療法士とは何かを模索しながら仕事をしていたと思う。そのため、余計に青年海外協力隊に興味をもったのだと思う。

訓練開始そして派遣

派遣前訓練では、ネイティブスピーカーの先生1人に生徒が5〜6人つくといった恵まれた環境下での語学研修を中心に、協力隊活動に必要であると思われるさまざまな講座が展開された。作業療法士として普通に病院に勤務していたら、とても聞けない話や体験を得ることができた。次々と新しい知識を取り込み行動することを迫られる協力隊の研修を行えたのは、青年海外協力隊員になる、という強烈なモチベーションをもっていたからだと思う。研修を受けるなかで、1つ印象的だったのは国際協力の手法が作業療法の実施過程と同じだったことである。まず、評価してから問題点をあげゴールをたてプランを立案する。そして実行後、再評価する。この作業療法のなかでは当たり前の手法が、国際協力においても必要であるということがわかり感動したことを覚えている。

１９８７年9月に、ザンビアの中都市ンドラ市の国立ミタンダ老人ホームに作業療法士として赴任した。ザンビア共和国はアフリカの南部に位置しており、面積は日本の約2倍、人口は日本の約10分の1である。この国と南隣のジンバブエに流れるザンベジ川には世界三大瀑布であるヴィクトリアの滝があり、世界中から観光客が集まってくる。熱帯地域であるが、国土の大部分が高地であるため暑さをしのぎやすく、アフリカの軽井沢と呼ばれている。ンドラ市は世界的な銅の産地であるコッパーベルト州にあり、そこで産出された銅は日本の10円玉にも使用されているという。作業療法士としての活動目的は、入所者のＱＯＬ（Quality Of Life＝生活の質）を向上させることである。赴任して驚いたのは、入所していた約20人の高齢者のうち3人のザンビア人以外は、かつてザンビアが北ローデシアと呼ばれていた時代にヨーロッパや南アフリカから移住してきた白人たちやその白人たちを親にもつザンビア人たちだったことである。イギリス人、イタリア人、ポーランド人、ポルトガル人、ドイツ人、南アフリカ人、などさまざまな国籍をもっていたであろう人たちが暮らしていた。すべての入所者に共通することは、人的資源も金銭的資源も何ももっておらず、ザンビア政府が管理する施設で暮らしているということだった。施設には約4

畳ほどの個室と食堂、バスルーム、リビングがあった。個室の様子（条件）は入所者のそれまでの経済状況によって異なり、支給されたベッドだけがぽつんと置かれていたり、ベッドルームとリビングを狭いながらも仕切って、椅子をおしゃれに配置したり、当時ザンビアでは高価な電気コンロをもつ入所者もいた。

私は、作業療法士として何ができるのか。国籍もない、知り合いもいない、金銭的な資源もない、その当時のザンビアがそうであったように十分な食料や生活必需品がないなかで、生活の質を向上させるとはどういうことを意味するのか。私自身は意識しないでいるが、日本人としてのアイデンティティ、家族における役割や親戚・友人との関係性、経済的な基盤、それらをすべてなくしたとしたら、どのようにして生きていけばよいか。突きつけられた問題に、協力隊員として、作業療法士として、自分があまりにも無力で入所者に対して何もできない役立たずの存在に感じた。何ができるか。1人で考えてばかりの日々だった。

そんなある日、日課にしていた朝のミーティングで、入所者が放った一言で私は目が覚めた。それは「Poor Japanese Girl !」「かわいそうな日本人、こんな遠くに1人で来て、毎日難しい顔している！」という言葉だった。それを聞いて、「かわいそうなのはあなたたち、私は何かしてあげる人、あなたたちは…」と心のなかで言いかけている自分に気がついて、はっとした。かわいそうだと思っているのは誰か。してあげる、してもらうという関係をつくったのは誰か。入所者の今の生活を一番知っているのは誰か。

自分1人で考えて、協力隊員として、作業療法士として、対象者に何かできると思っていた。参加する前の日本の臨床では、手の外科の作業療法が主な仕事だった。受傷、手術後の治療は受傷のタイプや術式でほぼ決まっていた。そこに対象者の意向をさしはさむ隙などはなかった。

しかし、ミタンダホームでは違っていた。入所者はミタンダホームでの生活者である。生活者としての入所者と協働しないで、なにが協力隊だ。なにが作業療法士だ。

まずは、入居者の希望を聞いた。イギリス人のロイが「昔食べた野菜を作りたい」と言い、ビーツやにんじんなどのザンビアでは馴染みの薄い野菜をあげた。「何か作って売って収入が欲しい」と言ったのは、イギリス人の父とザンビア人の母をもつMrs.マックナイトだった。ポーランド人のフランシスは「裁縫が得意だから何か縫いたい」と希望した。あまり眠れず空腹感もないけれど裁縫が大好きなのである。音楽を聴きながら縫い物をすることができれば、とフランシスは語った。「食事を変えたい」という希望はイタリア人のオルガで、材料さえあればおいしいイタリア料理を作りたい、などの意見が出た。使用可能な場所は、入居者の居室と、がらんとしたリビング、そして赤土の庭。予算はなし、という条件で何から始めるべきかを考えた。

ミタンダ老人ホーム農園開墾

使用可能な場所と入居者の希望する作業とを考えて、まずは農園から始めることにした。とはいえ、農業などまるでやったことがないため、庭を耕して泥を柔らかくすれば何とか畑になることはわかっても、その先がまったくわからなかった。そんな時、力になるのは協力隊の仲間である。さまざまな職種のメンバーからなる協力隊仲間の技術を伝授してもらえば良いことに気がついた。任地の近くに赴任している農業隊員にザンビアの土壌に合う作物や栽培の仕方、技術を教わり、何とか野菜作りをする手はずが整った。早速入居者と庭を畑にすることになったが、あまりにも頼りなさそうに庭を耕す入居者と私の様子を見て、ミタンダホームで外回りの仕事をしているスタッフ3人が協力してくれることになった。畑を共に耕しながら、昔からここザンビアで行われている農業の作物やその農法を彼らから教わった。西洋風のキャロットやビーツ、リークからザンビアの食事に馴染み深いレイプという葉物やサツマイモといった畑の作物を栽培して収穫し、それを食事に取り入れたり、道端で売って現金収入を得たりした。物珍しくて客引きになるという理由で、売り役はいつも私だった。そして、実際良く売れた。

生活の変化

ある日ミタンダホームの職員が、近くの製縫会社で端切れをただでくれるらしいという噂を聞いてきた。すぐにその会社に出向き、端切れの使用目的を説明し、ていねいにお願いしたら定期的に入手できることになった。その端切れで、入居者が赤ちゃん用品を作ることが可能になった。端切れだから大きな作品はできなかったが、端切れの大きさにあわせて次々と作品を作り出すフランシスやMrs.ブラウンたちの技術力には驚きだった。裁縫が彼女たちの新たな生活を作っているようだった。こうして作られた作品も道端で売ることにより、現金収入を得ることができた。畑仕事をすること、裁縫をすることが日課になったり、畑でとれる野菜を食事に取り入れたり、野菜や作品を売って得られた現金収入で日用品を購入したり、と少しずつ生活が変わってきた。

また、道端で野菜や作品を売っているときに、ミタンダホームの入居者に関心を示す人もいた。ミタンダホームにはそれぞれの人生を送っている20人の人たちが生活していることを、ミタンダホームの外に暮らす人に知って欲しかったし、それがミタンダホームを支えることになると考えるようになった。待っていても人は来ない。人がミタンダホームに集まるようJapanese Partyを開くことにした。入居者と住人との交流の場として、怪しい日本食を囲むパーティを開いた。周囲の人がミタンダホームを知り、つながり、故郷から離れた人々がつくる日本の県人会のように、ミタンダに生活する入居者がもとの国籍の人とも交流できればと考えた。ミタンダホームの職員や協力隊員仲間がチケットを販売して、なんとかパーティをキッチンで開き、地域の住民と入居者は交流をもつことができた。その後、継続的にミタンダホームを訪れる人、入居者を自分の家に招待してくれる人が現れて、ミタンダホームが少しだけ地域に開かれた施設となった。

鶏舎と古着バザー

鶏を飼えば卵も肉も食べられるというミタンダホームの職員の提案に、入居者も作業療法士である自分も飛びついた。当然のことながら養鶏には鶏舎が必要なことを知ったのはその後のことで、鶏舎を建設する費用の捻出についての問題が生じた。しかし、その時、日本の中学生が集めたという古着があるというニュースが、首都ルサカにある協力隊事務所から流れた。その古着を売って建設の費用の一部にし、残りは建設会社の寄付でまかなうことになった。すべての資金をまかなうことは可能だったかもしれないが、それでは建設したら縁が切れてしまう。寄付で建てられたものは、その後も鶏舎の運営に関わってもらえると考えた。

ミタンダ老人ホームにおける日本から来た古着のバザーは、ミタンダ老人ホームの職員が地域の人たちに宣伝したおかげで大盛況だった。こんなに多くの人々がミタンダ老人ホームに集まってきたのは初めてだった。そのたくさんの人が安全に、ゆっくりと品物を吟味し、ちゃんと代金を支払ってから品物をもち出せるシステムは、ザンビアの商店のシステムなどから、ザンビア人スタッフと話し合って決めた。入り口でかばんなどを預け、何ももたないでバザー会場へ入り、品物を取り会計で代金を支払ってから、出口で自分のかばんを受け取るといった具合である。近くに住む協力隊員にも店番や会計などの協力を依頼した。入居者は、朝からそわそわしてその様子を眺めていた。

このようにして集めたお金と建設会社の寄付によって鶏舎が建てられることになったが、鶏舎の完成直前に2年間の任期は終了した。

精神科病院での作業療法士として

帰国後、私は、作業療法士として単科の精神科病院に勤務している。在院期間15年以上が4割を占める長期入院者が多いのが特徴である。そこで、長期入院者に対してそれぞれこれから先どのように生活したいか、ひいてはどのように生きたいかの希望を聞き、実現に向けてその人にとって意味のある作業ができるようにする、ということをしている。障害をもちながらどのように生きていくか、長期入院者に寄り添い、作業を通して自信を回復したり、成功体験を積むことで自己評価を高めたり、他者との共有体験を通して、良いコミュニケーション体験を積むことをする。長期入院者は、ミタンダホームの入所者のように人とのつながりもなく、社会における役割をもつことが難しい。また、長期入院者が住む病院という環境は、外部との結び付きも乏しく孤立しているように見える。そのなかで、作業療法をどのように展開しているかというと、協力隊時代の経験をいかして、対象者と協働するという発想をもち、孤立している病院を地域の一員として存在させるよう試みている。長期入院患者と呼ばれる対象者の人生はさまざまである。こう生きていきたいという希望もさまざまである。その思いを共有するところから作業療法は始まる。ザンビアのミタンダホームでの、あのPoor Japanese Girl！という言葉をよく思い出す。

精神科病院を地域の施設に

また、病院も立派な地域の施設であり、そこに住む人も立派な地域住民である。病院を地域の施設にするためには、ミタンダホームでもそうであったように、住民が病院を訪れそこに住む住民と交流することから始まる。病院の文化祭などのイベントの際の協力者として地域住民と交流をし、地域住民がボランティアとして信州の郷土料理を共に作ったり、気功、タイダンスなどを教えたり、病院内の音楽会に出演する。また、長期入院者と呼ばれる人たちが、病院のなかでも地域住民として果たせる役割があるのでは、という問いを投げかけるためのイベントも行った。その活動に根ざしているのは、アフリカのミタンダホームでのあの体験だといつも思う。

また、このような作業療法実践に関して、この閉塞的な病院であるからこそ何を行っているか情報を発信しようと決めている。そのなかで何が行われているのか、ミタンダホームや道端で、入所者が作った野菜や赤ちゃんの洋服を売ったことで、地域に住む人たちがミタンダホームに興味をもって、それからつながっていったように、病院のなかで何が行われているのかについて情報を発信することが、病院の外の世界とつながっていく第一歩となる。

それは、日本に向けて、もちろん世界に向けてでもある。アジアの台湾でも、タイでも韓国でも、精神科病院での長期入院者の作業療法について情報発信している。そうした際にも、協力隊で得ることができた語学力が役に立っている。語学力だけでなく、海外に対してなんら抵抗を感じないのもあの2年間があってこそである。年1回、日本作業療法士学会が日本国内で開催され、世界作業療法士学会は4年に一度世界各地で、アジア太平洋作業療法士学会は4年に一度アジア太平洋地域で開催される。私は、そのつど参加し作業療法について発信する。2003年のスウェーデンのストックホルムでは、長期入院者の身体的特徴と身体性プログラムについて発表した。精神障害をもつ長期入院者に対して、身体機能の把握はもとより身体を媒介にすることで身体に関心を向けたり、コミュニケーションが促進されたり、長期入院の労をねぎらったりできるなどの意義があると実践で理解できたことを伝え、他国の作業療法士と意見交換できた。

地域のボランティアとして

私は、病院での作業療法士という役割のほかに、長野市ボランティアセンターの運営委員という役割を担っていた。近年の地域福祉において、地域力の充実のためボランティア・市民活動への期待が大きくなってきている。ボランティア・市民活動の拠点であるボランティアセンターにおいて、センターの事業をより地域に意味のあるものにするために事業の評価や事業についての提言を行ったり、作業療法士として、また協力隊の経験者として、実際に事業で活躍する運営委員会の運営に関わったりした。

運営委員会はジャーナリスト、フリーライター、福祉法人代表、ＰＴＡ連合会副会長、経営者協会職員、建築士、大学教授、善光寺住職、長野市教育委員会、ボランティア団体代表、市議会議員、作業療法士などさまざまな職域からの20名からなり、これはあたかも、途上国でのＣＢＲ（Community Based Rehabilitation）、地域に根ざしたリハビリテーション、障害をもつ人々が地域のなかでその人らしく生活していけるように、といった地域開発に似ている。作業療法士として施設中心型になりがちな事業を地域中心で行うための助言をしたり、障害者が地域で生活する上でのニーズとボランティア・市民活動をつなぐのに必要な講座内容の提案を行ったりした。また、福祉教育のプロジェクトが立ち上がり、パイロットプロジェクトとして中学校の人権教育のなかで、障害とは何か、障害をどう理解し共に暮らすか、また、作業療法とは何か、青年海外協力隊とは何か、などのテーマについて講義した。また、ボランティア活動の支援も行っている。週に一度、電話での傾聴を行っているボランティアグループに対してサポートを行ったり、茶飲みサロンと呼ばれる市民レベルでの寝たきり予防活動のボランティア養成を行ったり、さらに、実際にお茶飲みサロンに出向いて作業療法を行ったりする。

障害のあるなしにかかわらず、だれもが地域社会でその人らしく暮らすには、行政、事業者のみならず地域住民の力が必要となる。それを支える拠点のなかで展開される活動は、青年海外協力隊が派遣国で活動を進めていくのに似ている。地域社会のなかでのニーズをどう活動につなげていくか、どうネットワークを作っていくか、これはまさしく協力隊活動にほかならない。ボランティアとして派遣国での人と人をつなぐ活動の経験をもとに、作業療法士として地域で果たせる役割を考察すると、①施設中心になりがちな事業を地域住民中心の事業にするための助言が可能である。②ボランティア・市民活動の担い手の障害についての理解を深め、地域社会のなかで生じている障害をもつ人の制約や排除についてわかりやすく伝え、それに対する活動を促進する。③障害者や高齢者のニーズとボランティア・市民活動をつなげる。④生活という視点で、それぞれの人にとって意味のある作業を提案するという作業療法の特徴と、派遣国で活動したことで得た価値観の多様性を通して、地域福祉におけるボランティア・市民活動を促進するための提案や活動ができる。

⑤青年海外協力隊に参加するという生き方の提示や、途上国理解の促進についての提示を行うことができるといったことである。

作業療法士の国際化のために

日本作業療法士協会は国際部を設置していて、私は、2003年からそこの部員として活動している。国際部の目的は、海外の作業療法士との交流、国際感覚をもつ日本の作業療法士の育成（人材育成）をポイントとし、組織的に国際交流に関する啓発活動や国際活動の支援活動に力を注いでいる。また、海外作業療法士の国内研修の支援や、青年海外協力隊や留学を考える協会員や学生への情報および資料の提供を行っている。そのなかで作業療法士の新人教育プログラム「世界の作業療法の動向」では、世界の作業療法についての情報を発信し、新人の作業療法士に、海外に関する話題のなかで最も関心の高い青年海外協力隊に参加するにはどうしたらよいか、協力隊の活動内容、活動がその後臨床に与えた影響などを伝えた。このように作業療法士が国際的な活動に関わることができるのは、青年海外協力隊での経験を語ることができるからということだけでなく、協力隊での活動を通して異文化に触れ、新たな価値観を得たことに加え、日本社会のあり方を振り返ることができたからこそである。

作業療法士の育成

単科の精神科病院で臨床することに加えて、作業療法士の養成学校で作業療法士の卵を育てることになった。これまでも、臨床実習といって、臨床にでて実際に対象者に治療する経験をする際の臨床実習指導は行っていたが、養成学校で学生を教育することが主体になることはなかった。養成学校に入って驚いたのは、青年海外協力隊に関心をもつ学生が多く、協力隊を研究テーマに選んでいたり、卒業後の協力隊への参加や協力隊に参加することによる影響などについて真剣に考えたりしていることであった。青年海外協力隊の経験を伝えることで、学生たちが少しでも世界に目を向け、多様な価値観を受け入れ、人それぞれの生き方を大切にするようになっていけばと思う。

まとめ

青年海外協力隊に参加してからもう20年余り経ってしまったが、その時のことは少しも忘れていない。また、こうして現在の自らのあり方を振り返ってみると、すべてがアフリカのザンビア、ミタンダ老人ホームにつながっていることがわかる。協力隊活動から得たものは何か、今だからこそ見えてくるものがある。まず、新しい環境や状況に対する適応力、次に、他者との協働の重要性。そして、広い視野、語学力、コミュニケーション力。最後に、日本社会に対する理解の深化。

人はそれぞれの人生をそれぞれの思いで送っている。作業の連続が人の人生だ。同じ作業でも、人によってまったく意味が違ってくる。衣食住が人の生活の基本かもしれない、しかしながら人はやはり人だ。生きることも大切だけれど、その人らしく生きることがより重要である。そして、自分らしく生きることを支援することが作業療法士の任務なのである。協力隊での経験は、私にそのことを思い出させてくれる。

その後

（1）老人福祉センターでの「作業で元気に！」の生きがいづくり講座

２０１４年には、65歳以上の高齢者の割合が26・0％となっている。２００９年から、老人福祉センターで高齢者の生きがいづくり講座を月1回行っている。健康でいきいきと暮らすために、作業について学び実践するという内容である。

（2）東日本大震災時

・被災していない地域での活動

この本が発行されてすぐの2011年3月11日に、東日本大震災が発生した。震災直後、「作業で元気に！」で、震災時のメンタルヘルスについて講義をし、テレビの影響性や人と話すことの重要性を提案した。また、被災者を支援するという作業を生活の中で行えるようなプロジェクトを始めた。身近な材料と道具で容易にできるヨーヨーキルトを使って支援をするというもので、その結果、5、000枚を超えるヨーヨーと、支援者はテレビなどマスコミから離れて馴染みのある作業をする時間が取り戻せた。

・被災地での活動

協力隊経験者の作業療法士、理学療法士、言語聴覚士が中心となって作っているJOCVネットワークが、震災直後から福島県二本松市にある第一避難所で月2回、炊き出しやマッサージ等を行っていた。その後、仮設住宅へとその活動が移り、その時から筆者が活動に参加し、ヨーヨープロジェクトで集まったキルトを使って被災者と生活で使えるものを作成する、ということが始まった。「することがない」「こんなことをすることを忘れていた」という被災者が集会所に集まって縫物やモノづくりをし、生活で使えるものを作成した。やがてそれらは、「浪江絆ブランド」としてバザーで販売、売上金は被災者みんなで使う、という活動に発展した。2015年10月現在まで、JOCVネットワークの月2回の活動は継続され、料理、イベントなども行っている。

被災地支援は、被災していない地域から被災地へという一方向ではなく、ヨーヨーキルトを発展させたひまわりキルトを二本松の活動の参加者から教わって、それを長野に持ち帰って支援者に伝えるといったように双方向の活動に発展している。

現在は、2016年6月に長野県で開催される第67回全国植樹祭の苗木を育てるホームステイ先として苗木を仮設住宅へ運び、仮設住宅の住民が大切に育てている。そのような活動で、仮設住宅の住民と長野県の住民をつなぐことも行っている。

（3）地域の中でのボランティアの育成

地域住民が地域住民のために活動するボランティアの育成へのニーズが高まっている。精神障害をもつ人が通う施設で活動する精神福祉ボランティアや、さまざまな場面で人の話をこころと耳で聴くボランティアを養成することに関わっている。相手を主人公にして作業や聴くことで関わることを、講義やワークショップを通して伝える役割をしている。その講座修了後、ボランティアグループが自然発生的に結成される場合もある。その際は、活動の必要な支援も行う。

参考文献

（1）小林正義・春原るみ・磯部美和子・冨岡詔子「精神科長期入院者の身体機能と「身体性プログラム」の意義について」『作業療法』Vol．25、No.2、135―144、2006年。
（2）吉川ひろみ『カナダ作業療法士協会：作業療法の視点―作業ができるということ』大学教育出版、2000年。
（3）「作業療法白書2005」『作業療法』Vol．25特別号、78―83、2006年。
（4）社団法人日本作業療法士協会「作業療法士　青年海外協力隊のあゆみ」2006年。

春原るみ　島根県簸川郡斐川町生まれ。

作業療法士免許取得後は、京都府立洛東病院で一般身障、新潟中央病院で主に手の外科の作業療法に従事したあと青年海外協力隊に参加し、アフリカのザンビアで2年間、老人ホームで活動する。

帰国後、老人保健施設、ある日同じ病院内の精神科の作業療法士が退職したため、後任で精神科へ移動する。その間、長野中央郵便局のボランティアコーナーの相談員を4年間行う。

その後、上松病院で勤務しつつ、旧豊田村の地域支えあい事業で村内をくまなく回って出前作業療法を5年間行ったり、長野市ボランティアセンターの運営委員として市民活動に従事する。

2007年9月から、長野医療技術専門学校（現：長野保健医療大学）にも勤務。

2011年10月から、JOCVネットワークの福島県二本松市仮設住宅での支援活動に参加し、現在まで継続中。

2　退職による協力隊への参加

第5章　パラグアイタイムの生活

あっという間の私の1日

6時10分、うとうとと眠っている子どもたちを起こさないように、そっと寝床を離れキッチンへ向かう（今日は長男の幼稚園のお弁当の日だ。早く準備しなくちゃ…）。海苔と塩を出し、おにぎりを握る。おかずは冷凍のシュウマイにしようか…考えながら用意していると、寝室から泣き声が聞こえてきた。もう起きちゃったか…起きてしまった2歳の次男を抱っこしながら朝食作り。一緒に起こした娘は今頃学校の教科書の用意をしている。

7時。娘と2人で朝食。食べ終わると娘は学校へ、私は長男を起こしにいく。やっと起きてきた長男は、朝いつも機嫌が悪い。着替えを手伝い、トイレに連れて行き、テーブルにつかせる。次男と一緒に朝食タイムだ。その間に私は出かける準備をして、最後に次男の着替えをして、さあ保育所と病院へ出発だ。

病院に隣接している保育所に2人預けると、私は急いで白衣に着替えて産婦人科病棟へ向かう。「おはようございます！」　元気に挨拶して、今日の業務を確認する。今日は…新生児係だ。急いで指示をひろい、当直者からの申し送りを聞く。今日は新生児が7人いる。体重減少が著しい児、新生児黄疸が強くなってきている児、まだ上手に母親のおっぱいを吸えない児など、要注意新生児をチェックして業務につく。沐浴や医師による診察介助、授乳の確認・介助などをしていると、あっという間に午前中が終わる。午後は児の検温（熱や心拍数、呼吸数ほか一般状態の観察）をして記録、再度授乳の介助などをしているともう夕方だ。夜勤者に申し送りをして、17時30分に勤務が終わる。

お産が長引いて残業する日もあるが、今日は定時であがれてよかった…ほっとしながら私服に着替え、保育所に子どもたちを迎えに行く。車に乗せて、空腹の子どもたちにお菓子をほおばらせながら家に着いたら6時過ぎ。すかさず次男がおっぱいを催促してくる。私も罪滅ぼしの気持ちもあって、欲しがるままに授乳している。6時半、やっと夕食作りにとりかかる。7時過ぎに4人で「いただきまーす！」　団欒のひとときを過ごしたら、お風呂を入れて皆で入浴。ゆったりと湯船につかる余裕はなく、自分と子ども3人を次々に洗って、お風呂からあがる。皆の身体を拭き、パジャマを着せて歯磨きをしたらもう寝る時間だ。寝室へ行き、子どもが選んできた本を読みながらうとうとしてしまう。３人の寝顔を見て、ひとときの幸せを感じながら私も眠りの世界へ吸い込まれていく。

帰国して10年

家族は、２歳年下の夫、小学３年生の娘、幼稚園年長組の息子、２歳の息子、そして私の５人である。茨城県牛久市に住んでいるが、私の実家は大阪府阪南市、夫の実家は神奈川県鎌倉市であり、たまに会う程度である。夫は地質コンサルタント会社に勤めており、年２〜３回の海外出張と月２〜５回の国内出張があり、かなり多忙な日々を送っている。

私の勤務先は、自宅から車で5分、歩いて20分の距離にある老人保健施設や訪問看護ステーションなども併設されている地域密着型の病院（３１３床）であり、助産師として産婦人科病棟で働いている。一応常勤だが、週４日ペースで夜勤もできる範囲でいいという恵まれた条件で働かせてもらっている。病院の隣には保育所があり、勤務中は昼夜を問わず子どもを預けられるので、大変助かっている。

実は私自身、息子２人の出産をこの病院でお世話になった。ＬＤＲ（陣痛室・分娩室・

回復室が一体になったお部屋）での出産は無駄な移動がなく産む時の体勢も自由でよかったし、産後もトイレ・シャワー付の個室なので大変快適であった。また、スタッフの多くが助産師であり、普段のケアはもちろん、マザークラス、外来通院者への保健指導、退院後の授乳指導、1カ月健診時の介助や指導、産後3カ月時のベビーマッサージ教室など、幅広い業務を展開している。

なぜ協力隊に参加したかったか

私が青年海外協力隊（以下、協力隊）に応募した時、看護師として大学病院に勤務していた。4年目ナースとして、外科系混合病棟で、後輩の指導や実習学生の指導にもあたっていた。それなりに充実した毎日であったが、（何かもっと違うことをしてみたい、自分のためにもなり、ひとのためにもなるような何かを…）という思いが芽生えてきていた。語学留学のようなことも考えたが、どうも「遊び」の部分が多すぎるような気がした。協力隊に参加すれば、「発展途上国」という今まで未知の世界だった分野に、日本政府のバックアップもあるし、安心して飛び込めるように思えた。それに、「看護」という私の専門分野もいかせる。今の気持ちにふさわしい安全な冒険のように思えた。2年間日本に帰ってこられないことについては、特に気にならなかった。このまま日本に居続けることの方がたいくつなような気がした。「若さ」と「チャレンジ精神」が私を協力隊の試験に向かわせたように思う。残念ながら、「貧しい国の人々を救いたい」という大それた思いは、あまりもっていなかった。

南米パラグアイのゆったりした1日

朝、外が少し明るくなってきた頃、庭で「ジャッ、ジャッ」という音が聞こえてくる。ホームステイ先のママが、放し飼いにしている鶏(20〜30羽はいるだろうか)に粒とうもろこしを与えている音だ。ここは南米パラグアイ共和国(以下、パラグアイ)のブラスガライ村。パラグアイは南米大陸のほぼ中央に位置し、周りをブラジル・ボリビア・アルゼンチンに囲まれた内陸国である。首都はアスンシオンで、面積は約40万㎢と日本とそう変わらない。人口は約619万人であるが、人の数より牛の数の方が多いと言われている。主な産業は農牧業であり、大豆や小麦を輸出している。ブラスガライ村は、首都アスンシオンからバスで約3時間の距離にあり、幹線道路からは4㎞ほど入ったところで比較的便利な場所にある。数年前に電気が通ったばかりだが、薬局を経営しているこの家は比較的経済的なゆとりがあるようで、井戸水を電気でくみ上げることができ、電気式の簡易シャワーも備わっている。さあ、家族そろって朝の「マテ茶」の時間だ。木でできたコップ型の入れ物にマテ茶の葉を入れ、先端にいくつもの穴のあいた金属製のストローをさす。その上からお湯を注ぎ、1人ずつ順番にストローを吸ってお茶を飲む。最初は少し苦く感じたり、回し飲みをすることに抵抗を感じたりしたが、慣れると結構おいしくまた楽しく感じてくる。パラグアイ人にとってマテ茶は生活の一部になっており、欠かすことができないもののようだ。「マテ茶」が終わると簡単な朝食をとる。たいていカフェコンレチェ（とても甘いカフェオーレ）とガジェタ（ロールパンを乾燥させてかちかちにしたようなもの）ぐらい。

今日はこれからバイクで30分ぐらいのところにある町の病院へ行って、地域の保健指導担当のスニーと、住民への食事・衛生についての教育の打ち合わせがある。病院の勤務開始は朝の7時。急がなければ。7時10分頃に病院に着くと、スニーは1人でマテ茶を飲んでいた。挨拶を交わし、一緒にマテ茶を飲みながら、日時・場所・方法・活用する物品などについて話し合っていく。と急にスニーが立ち上がった。「朝食をとってくる」と言って病院の向かいにある小さな食事処へ行ってしまった。いつものことだが、なかなか物事が進んでいかない。本当にみんなのんびりしていて、何かにつけてサボろうとしているように見えてしまう。仕方がないので、病院の車を管理している運転手さんのところへ行き、教育活動をする日に車を出してもらえるかどうか確認をしに行く。人々は気がよくて、安請け合いする時があるので、この手の確認は何回も行わなければいけない。日本では一度約束したことはまず守ってもらえるが、それはここでは通用しない。戻ってきたスニーと再度話し合いをしていたら、すぐにお昼になってしまった。いったん家に戻り、昼食をとる。今日は骨つき牛肉の煮込みと主食はいつものマンディオカ芋。人の数より牛の数の方が多いパラグアイでは、牛肉はとても安い。頻繁に食卓に登場する。

昼食後は、「シエスタ」といって、昼寝をする習慣がある。お店もいったん閉まり、町中が静かになるなか、学校では午後の部が始まる。私は家族が寝ている家をそっと出て、周辺の小学校を回り、小学生への歯磨き指導のスケジュール調整をする。歯の衛生についての知識不足と治療に行けない貧しさから、多くの人が歯を悪くし、苦しんだ挙句抜歯することになる。せめて知識をつけることで、そうならずにすむ人が増えてくれることを願っている。午後3時、来週保健指導に行く予定の村に行き、リーダー格の主婦と日時の確認をして皆に宣伝しておいてもらうようにお願いする。どこの村に行っても必ずリーダー格の方がいていろいろなことを仕切ってやっているのは、興味深い。

家に帰り、ステイ先の娘ドロシーやマギーとおしゃべりしたりゲームをしたり、ママには仕事がなかなか進まないと愚痴を言ったり、のんびり過ごす。電気のシャワーを浴びて軽い夕食をとり、自分の部屋へ戻る。今日もあっという間に終わったなぁ…と思いつつ、日本からもってきたCDを聴いたり日本の家族や友人に手紙を書いたりする。やはり日本のことはいつも頭のどこかにあって、日本のことを考えている時が一番落ち着くように思う。

パラグアイでの活動内容

最初は、本当に何もできなかったし、することもなかった。カウンターパート（知識や技術を伝えていく相手）もはっきりせず、ブラスガライ村の小さな診療所に一応通ったりしていた。患者は、まったく来ない日もあれば、5人来ることもあった。週に一度、町の歯科医が来て「抜歯」だけをしてくれるので、その時は10人ぐらいの重症歯科疾患の患者が来た。診療所には、十分な消毒の物品もなければ点滴のための準備もなかった。そこでは、簡単な教育を受けている准助産師1人と、受付をしているその妹が働いていた。その准助産師は、分娩介助業務を自宅で行っていた。

することがないので、村の家を1軒1軒回って、血圧を測ったり話を聞いたりもした。村の人たちは、この訳のわからない日本人の訪問を気持ちよく受け入れてくれた。というのも、当時のブラスガライ村にはJICAによる農村開発プロジェクトが行われており、日本人の存在はよく知られていたからであると思われる。

1年ぐらいは、ブラスガライ近辺の診療所を回ったり、その地域を管轄しているコロネルオビニド市にある地域医療センターに顔を出したりして過ごした。その頃になると、私のスペイン語も少しは通用するようになり、バイクも貸与されて移動がスムーズにできるようになり、またパラグアイ人の気質のようなものも少しずつ理解できるようになってきた。タイミングよく、コロネルオビエド市の地域医療センターに臨床検査技師の専門家がJICAより派遣されてきた。彼は、「集団検診」(主に寄生虫検査)の知識と技術を伝えることを仕事としていた。私はというと、活動を通して、パラグアイ人は健康問題に高い関心をもっているものの、知識が不足しているために正しいセルフケアができていないことが気になっていた。血圧が高い人が多いのに料理の味付けがとても脂っぽく塩辛いこと、肥満の人がとても多いのに野菜をあまり摂らず、主食のマンディオカ芋をお腹いっぱい食べる習慣があること、虫歯や歯周病が多いのに正しい歯磨きの方法を知らないこと、などなど…。

私は、パラグアイの人々が、少しずつでも正しい知識を得て、より健康的な生活を送っていけるようにがんばってみよう、と決心した。そのためには、ひたすら教えてまわるしかない。そうだ、集団検診を受けた人たちは、その結果を受け取る時に自分自身の健康についてとても関心が高まっているに違いない、その時を利用して教育活動をしていけば効果は何倍にも大きく出るのではないだろうか…。そう考えて、専門家のところにも何度も相談に行った。そしてできたのが、「検診後教育」である。

村を回り、集団検診の宣伝・日程の相談をして、専門家率いる検診チームと一緒にまず集団検診を実施する。内容は、身長・体重・血圧・尿検査（タンパク・糖・潜血・ウロビリノーゲン・ビリルビン・ケトン体・白血球・比重・pH）・血液検査（ヘマトクリット・血糖・好酸球数）・便検査（寄生虫）とした。日を改めて、結果の配布と検診後教育の日程の相談・実施を行った。講義の内容は、主に高血圧、寄生虫、肥満、糖尿病、貧血など、結果に応じて決めていった。

活動内容が決まってくると、やりがいも感じることができ、より精力的に業務を進めていくことができるようになった。コミュニケーションもよりスムーズになり、検診後教育で集まってくれた住民たちとも、楽しい時間がもてるようになっていった。住民の関心度は高く、多くの住民が集まってくれたように思う。例えば、集団検診を始める前に地域を回って講義をしていた時は、だいたい5人から15人ぐらいの集まりであったのが、検診後には、10人から20人、多い時には50人ぐらいの住民が集まってくれた。

また、歯の衛生に関してはあまりにもその実態がひどいので、看護職・教諭職の協力隊員数名でチームを作り、パラグアイの厚生省に働きかけて教育用の紙芝居やビデオを作ったり、各小学校でそれらを活用しての教育活動を行ったりもした。

活動を通して感じたこと・考えたこと

3年間こんなふうに過ごしてきたが、終わってみるとあっという間だった。通常の任期は2年であるが、着任して1年間ぐらい活動としては何もできないような状態であったので、2年で帰国するとあまり成果があげられない。せっかく活動が軌道に乗ってきたところであったため、1年間の任期延長を申請した。私がその地域の医療隊員として新規であったということも大きいと思う。

3年間ホームステイしていた家の人には家族同様のつきあいをしてもらって、また協力隊の集まりで月に1回ぐらい首都に行くこともあり、寂しくてつらいということはほとんどなかった。それよりも、素朴で人懐っこい地域の住民たちや、少々変わったタイプの多い協力隊員と接することが、日本にいた時よりも心地よいと感じられるほどであった。

最初はもちろん、文化の違いに戸惑うことが多かった。いつもにこやかで人当たりはいいが、約束したことを守ることが少ない。待ち合わせをしても、1~2時間ぐらい平気で遅れて来たりする。しかもまったく悪びれていない。私も日本人としては少々時間にルーズな方かもしれないが、約束があてにならないのは困ると同時に許せないように思えた。しかし、どうしようもない。パラグアイ人は、ずっと前からそうやって過ごしてきたのだ。こちらが日本人だからといって、やり方を変えてくれなんて言えない。少しずつ少しずつその風習に慣れていくしかなかった。実際、1年2年と経つうちにだんだん腹も立たなくなり、今度は自分が約束した小さなことは、都合が悪くなるとそのままキャンセルしてしまえるぐらいになっていた。

こんなふうに慣れていくことができたのは、もちろん暖かく受け入れてくれたパラグアイの人々によるところが大きいと思う。そして加えて言うならば、農村の一家庭にホームステイして同じような生活を送ることができたこと、積極的に周辺を巡回していろいろな風習・イベントに参加させてもらったこと（例えば女の子の15歳を祝う盛大なバースデーパーティーや結婚式、夜のダンスパーティーなど）、などにより、よりスムーズに現地の人々に溶け込むことができ、支障なく活動することができたのではないかと考えている。

国や地域が変われば、人種も違うし文化も違う。それまで当たり前だと思っていたことが当たり前ではなくなり、カルチャーショックを受けることも仕方のないことだと思う。しかし、おそらくそんな時にこそもっともっと現地のことを、人々のことを知っていく必要があるのではないだろうか。同じ人間である限り、どこかでわかり合える。いつかはわかり合える。私には今とても自然にそう思うことができる。パラグアイで過ごした3年間があったからこそ、そう思うことができる。

帰国後の経過と決意

日本に戻ってきたものの、あまりゆっくりしている時間はなかった。国際協力の世界をほんの少し体験することができたことで、もっとこの世界に関わることができたら…という欲もあって、あらかじめ申し込んであった東京大学医科学研究所での熱帯病学研修コース（3カ月間）に通い始めた。と同時に、ずっと待っていてくれたパートナーとの結婚の準備をしていた。多くの帰国隊員がそうだと思うが、帰国後すぐに、スムーズに日本での社会復帰をすることは難しい。途上国の文化に一度慣れてしまっているため、帰国すると、「日本は何て忙しいところなのだろう。何て窮屈に生活していかなければいけないのだろう。」という思いが先に出てしまい、なかなか日本のペースに乗っていくことができない。いわゆる逆カルチャーショックである。私も例に漏れず、研修を受けながら（今度はどの国に行こうかな…）と考えたり、結婚した後もすぐにフルタイムで働く気持ちにはなれず、日中だけパート看護師として働いていた。

そして1年後、私は助産婦学校に入学した。何が私をそうさせたのか。あののんびりしたパラグアイであの村にもこの村にもたくさんの妊婦がいた。必ずしも結婚しているわけではなく、未婚の母が多かった。衛生状態も悪く経済的にも貧しいなか、それでも彼女たちはけなげに明るく、次々に子どもを産んでいく。10人の子持ちも、珍しくなかった。ああ、あの人たちの何か役に立つことができたらいいな…そういう気持ちが頭のどこかにいつもあったように思う。もちろん、医療職としてキャリアアップしたいという気持ちも強かった。世界のどこにいようと、資格は多くもっていた方が、たくさん勉強しておいた方がきっと役に立つだろうと。

さらに1年後、無事卒業して助産師の資格を取ったが、こんどは夫の転勤でアメリカに住むことになり、すぐに仕事は始められなかった。今のうちにという気持ちもあり、すぐに妊娠、そしてボストンのホテルのような立派な病院での出産。2日で退院させられ、それからは初めての育児と格闘の毎日だった。

娘が7カ月の時に、帰国。半年ほどは育児をしていたが、働きたいという思いが強くなり、近くの総合病院の産婦人科外来でパート勤務を始めた。とにかく早く産婦人科に関することを覚えたいという気持ちと、育児と両立させなければいけないという気持ちの間をとっての選択だった。1年半後、2人目の出産のため退職。現在勤務している病院で出産した。快適な出産（とは言っても痛いが…）と産後5日間を過ごし、1年1カ月後、無事に仕事を始められた。ここでは、横に託児所があるのが、育児との両立の上で大変助けになった。また子どもをもちながら働いている人が多く、上司や周りの人々の理解や協力が大きかったことも、とてもうれしくありがたいことだった。2年間勤務し、3人目出産のため1年休暇を取らせてもらった。今回はちゃんと手当てももらえて助かった。その後、無事復帰し現在に至る次第である。

もともと私は、家庭に入ることや子どもをもつことにあまり興味がなかった。大学病院に勤めていた頃は、「このまま看護師としてキャリアを重ねて道を究めてやるぞー」などと考えていた。海外に行くことが決まってからも、「これをとっかかりにして、国際協力の道を突き進むぞー」という気持ちもあった。しかし、現在の私は少し違う道を歩んでいる。3人の子どもをもち、育児や家庭との両立ができる範囲でなんとか働いている状態である。助産師になったことも大きかったかもしれない。出産や授乳、育児について人に教えていく前に、まずは自分で体験しておきたいという思い。そしてそれ以上に、私に影響を与えてくれたのは、パラグアイで何回もの出産・育児をごく自然に行っている素朴な人々。いやいや、助産師になろうと思ったことだってもとはと言えばパラグアイの人々の影響ではないか…。結局、私が今3人の子の母となり幸せを感じつつ働いていられるのは、パラグアイでの経験があったからこそなのだ。家庭よりキャリア重視の方には申し訳ないが、こうやって出産や育児という経験を重ねることで、人間としての幅が広がっていくように感じられる。そしてまた子どもから手が離れる頃、改めて自分にできることを探していきたいと思っている。海外での活動も含めて。

さらに10年を振り返って

主人に二度目のアメリカ転勤の話が来た。前回はボストン、今回はカリフォルニアのシリコンバレーだ。正直、ほっとした。幼児1人と小学生2人を抱えての産婦人科病棟勤務は、結構きつかった。自分のキャリアになるとわかっていても、子供と一緒にいてあげられない、ご飯も残業後はコンビニに頼るしかなく、本来のあるべき姿ではないという思いが募っていた。迷いなく退職し、渡米した。

協力隊の経験から、異文化への理解は問題なかった。人々は陽気でおおらかな印象だ。あのルーズな時間の感覚は南米特有なのかと思っていたが、メキシコ系移民が多いこともあってか、日本よりはかなりルーズな印象だ。これはもしかすると、世界の中で日本という場所が特殊なのでは、と思えてくる。時間に関してだけではなく、礼儀や細かい規則など、もしかして日本って息苦しい場所だったかも、と思えてくる。

最初の1年は、ひたすら英語を勉強した。二度目の在米なのに、ほとんど何も聞き取れないのがショックだった。そして、労働許可証を取得し、日本人経営のお弁当屋さんで働き始めた。アメリカでのはじめての労働は、感慨深かった。専門分野とはまったく関係がないが、とにかく何かしたかった。他の駐在勤務者の妻たちのように優雅に過ごすのは、性に合わなかった。1年半ほど働き、今働いている寿司屋に転職した。日本では縁のなかった「チップ」が収入の半分以上を占める。よいサービスをしよう、お客は何を求めているのか、いろいろと考えるようになった。

子供たちも最初は英語さえわからず、辛かっただろうと思う。こちらでは、学校も友達の家もすべて送迎する。日本のように子供だけでどこかに行くというのは、高校生になってからだ。親としては時間が拘束されて大変だが、その分車内で、また帰宅後も一緒にいることで、親子のコミュニケーションは取りやすい。日本での多忙な勤務と子どもとの接触の少なさにまいっていた私には、とてもありがたかった。いいタイミングだったと思う。

これからどうするか。子供たちは、国際的な活動に携わっていくだろうか。まだまだ未知数であるが、国際感覚を身につけて国と国との橋渡しのような仕事をすることもあるかもしれない。そのような次世代の若者を育てることは、とても意義のある大仕事だと思う。今の私は、それを第一の仕事にしたい。それから、自分の専門分野について、英語というハードルはあるが、できる範囲で活動していきたいと思っている。子供たちに負けてはいられない。

林　浩子（旧姓　幡手）　大阪府堺市生まれ。

千葉大学看護学部看護学科卒業後、東京慈恵会医科大学附属柏病院で主に外科系病棟に勤務。その後、青年海外協力隊の看護婦隊員として、パラグアイ国に3年間派遣される。

帰国後、東京大学医学部付属助産婦学校を卒業し、特定医療法人つくばセントラル病院で助産師として8年間勤務。夫の転勤のため渡米し、現在は主婦業・母親業のかたわら、寿司屋でウエイトレスのパート勤務や子供たちの通う日本語補習校の保護者会活動も行っている。

第6章　協力隊から続く道～地域と向き合うこと～

協力隊との出会い

30歳を目の前にして、失いかけていた自分への自信を取り戻したい…そんなことも協力隊参加への1つの理由だった。当時勤務していた職場で、だんだん中堅となり、自分の能力に限界を感じ始めていた。と同時に「日本語教師」に関心をもち始めていた。当時の勤務先が外資系だったので、外国人スタッフに遊び半分で日本語を教える機会があり、本格的に勉強してみたいと思っていた。その時は、まだ「日本語教師」という仕事があまり知られていなかったが、勤務後に通える学校を探し、週2日通い始めた。そこで、若い受講者の多くは、協力隊参加を希望しており、協力隊のことがよく話題になった。

実は、私は、このとき初めて「青年海外協力隊」を知った。もちろん、協力隊という「言葉」は知っていたが、果たしてそれがどんなものか、何をする人たちなのかまったく知識がなかった。当時の私は、そんな感じだった。

さて、そこから協力隊受験までは3カ月しかなく、その間は、協力隊参加に向けて猛突進、自分にまだこんな力が残っていたのか、と思うほど勉強した。もちろん、協力隊の事前説明会にも参加した。が、正直言って、説明会で協力隊ＯＢの体験談を聞き、落胆した。

「まあ、何というかそのあたりは適当に…。」

「あまり神経質にならなくても何とかなる。」

何を聞いてものらりくらりの回答に、最初は、矢継ぎ早に質問していた参加者たちも口をつぐんでしまった。今思うと、「相手国の状況や価値観に合わせて進めていくしかない。」ということを言いたかったのだろうと思う。が、途上国の状況がまったくわからず、途上国のために何かしたいという思いの強い参加者には、その意訳を感じきることができなかった。また、実際に日本語教師ＯＢの話を聞くことができなかったことも私を落胆させたが、ＯＢの1人が、「友達が日本語教師をしていた」と、その活動状況を説明してくれ、少し元気が出てきた。

それまで、ごく普通のＯＬだった私の周りにはあまり見かけない「大陸的な人種」に協力隊参加に不安を感じた。「やっぱり、協力隊って、カワリモノが多いのかなあ…。」

それでも、私の協力隊参加希望の熱は冷めなかった。

それにしても…わずか3カ月前までは、協力隊という言葉さえ知らなかった自分が、今はまるで長い間の夢をかなえるがごとく、全身全霊で願書に向き合っている。これこそよっぽどの「カワリモノ」だ。周囲の反応は、「日本語教師は経験がないと難しいし、競争率も高いっていうからねえ。」　おそらく、この時点では、誰もが私が一度で合格するとは思っていなかったろう。

案の定、試験では、そんな甘さを当然のごとく見破られてしまった。第2次の面接試験。質問内容は覚えていないが、最後に「あなた、声が小さいですが、日本語教師として教壇に立って大丈夫ですか？」と聞かれた。無愛想で感じの悪い面接官に、ちょっとむっと来て「大丈夫です。教壇に立ったら大きな声を出せます。」と言ったことを覚えている。実は、その感じの悪い面接官は、マレーシア担当者で、帰国後もずっとお世話になっている…。

夢がかなった！

仕事を終え、アパートに戻ってポストを開けると「速達」が届いていた。

「合格　マレーシア派遣」という字を見た瞬間、「夢がかなった！」と思った。人生のなかで、自分の夢がかなうことが何度あるだろうか。もうこれからは、夢ではない、現実なんだ！

しかし、それから訓練に入るまでにいくつもの大きな山があった。協力隊参加について、両親にも職場の上司にも何も話しておらず、まずは、両親に伝えなくてはならない。当時、親元を離れて、東京で一人暮らしをしていた。電話口の父は、当然のごとく、驚き、でも冷静だった。

「青年海外協力隊といったら、治安も衛生状態も悪い途上国に行くんだろう。いつだったか、交通事故もあったじゃないか。」確かに、アフリカのどこかで、交通事故で複数の隊員が亡くなったという大きな記事が載っていた。

「そんなところに…。お父さんは賛成できないよ。」その後の会話はあまり覚えていない…。両親にしてみたら、寝耳に水とはまさしくこのことだ。翌年には30歳になる娘には、この先、結婚以外のことが起ころうとは想像もしていなかったはずだ。

そして翌日の夜、父から電話が来た。

「昨日は、突然の話でびっくりして、感情的になってしまって悪かった。お母さんとも話したが、お前がどうしても行きたいのなら、行きなさい。お前の人生なのだから好きなようにしていいよ。」　父と母との間で、どんな会話があったのだろうか。おそらく、2人とも、眠れない夜を過ごしたに違いない。大切に育ててきた娘が途上国で暮らすなど、まったくもって想定外のことだったろう。

その後で協力隊事務局からきた文書を見て、父が言った言葉が忘れられない。

「娘を戦争に取られる気持ちだ。」

国旗掲揚、マラソン…、訓練が終了するまでは、「候補生」と呼ぶ、など軍隊をイメージさせるものがあったのだろう。

当時の職場は、マレーシア企業の東京支店で、マレーシア人スタッフもいたが、彼らでさえ、「そういうボランティアは、サバやサラワクの未開土地に行くんだろう。危険だ。」と眉をひそめて、引き止めた。

退職にあたっては、規定の1カ月前をすでに過ぎていた。参加するか、思いきってやめるか、または半年参加を遅らせるか…今、参加するのであれば引越しの手続きも…なかなか決断できないうちに時間だけが過ぎていった。

「ここまできたら、今、参加するしかないよ。あれだけ行きたいって言ってたじゃない。行かなかったら後悔する。半年先延ばしにしたら、気持ちが変わるかもしれないよ。」

と背中を押してくれたのは、親友のこの言葉だった。

私の協力隊との出会いは、「途上国支援」というより、「海外で日本語教師をしたい」「今の自分を変えたい」そんなところから始まっていた。こんな理由で応募したにもかかわらず、一度で合格通知を手にすることができたのは、これからこの分野で社会に尽くせよという使命をいただいたということだったのか、と今になってみて思う。

職場にはいろいろ迷惑をかけることになってしまったが、3月下旬で何とか退職させていただいた。大学卒業以来7年間、初めて社会人として過ごした職場に感謝の気持ちが溢れた。

2カ月半の訓練は楽しかった! 候補生から隊員へ

退職、引越しを終え、何とか訓練に間に合わせることができた。

全国から集まった約120名の若者たちとの生活が始まった。誰一人知っている人はいない。しかし、不安はまったくなかった。この3カ月は楽しかった。何より、北海道から九州まで、さまざまな職種の人たちとの出会い、途上国で暮らすためのさまざまな技術習得、うどん作りや散髪、野外訓練…と毎日が初体験の連続だった。20年過ぎた今でも、同期とはさまざまな付き合いがあるが、やはり、共有した時間が長い分、何か連帯感が強いのかもしれない。訓練を無事終え、私たちは、晴れて「候補生」から「隊員」になった。

いよいよ任地へ

マレーシアに到着すると、すぐ現地訓練が始まった。過去に2回マレーシアを訪れ、また知人もいることから、マレーシアで暮らすことには何の不安もなかった。午前中は語学研修、その後は、町に出て買い物を兼ねた自主実地語学研修。3日間のホームステイも行った。クアラルンプールは大都会で、日本と変わらない生活だ。21人もの同期がいて、しかも女性が多かったことから「アマゾネス軍団」と言われていた。この同期と一緒のときは、百人力だったが、いよいよ任地での活動に入ると事情は違った。

待ちに待った隊員生活の第1日目。

クアラルンプールから電車で3時間、イポーという中国系が多いマレーシア第3の都市。マレーシアに約30ある全寮制中等教育機関（13歳から17歳）の上位6校で協力隊による日本語教育が行われている。そのなかの1つ、男子校の「スコラ・トゥアンク・アブドル・ラーマン」（通称STAR）が私の活動先だ。

駅まで先輩隊員に迎えに来てもらい、そのまま学校へ。車の窓から見る風景は、やしの木など緑が多い町、マレーシアに来て初めて感じる不安。日本語の先生が務まるかな…。まず、学校に着くと、校長先生をはじめ、教員の方々に挨拶。全寮制だけあって敷地はかなり広い。

1年から4年まで、各2クラスで日本語授業が行われている。2人しか隊員がいないため、すぐに授業に入ると聞かされていたが、いきなり、である。赴任当日から、教壇に立った。自己紹介程度だったが、ペーパードライバーがいきなり、路上を運転せよ、と言われているようなもの。それでも、生徒たちは、初めての日本人教師が珍しいらしく、大きな目をしっかり見開いて私に注目してくれている。

そんな感じで、隊員生活が始まった。この8月から11月までの3カ月間は、2年間のなかで一番つらい時期で、特にこの4つのことが私を悩ませた。

① 朝が早いこと。7時半始業、まだ薄暗い6時には起床しなければならない。朝の苦手な私は、1限から授業がある時など、どんなに眠くても「おはようございます!」と元気な顔をしなければならないことが大きな苦痛だった。

② 暑い。お昼を過ぎると、息苦しいほどの暑さ。授業が13時50分に終了するのは理に

かなっているとつくづく思う。

③　うるさい。夜、近所がうるさくて眠れない。中国系は家族の人数が多い。マレー系は学生同士5～8名で同居している。どの民族も結構夜遅くまでおしゃべりするわ、シャワーを浴びるわ…、窓を開け放しているので、とにかくうるさい。うとうとしていると、今度は早朝4時に、コケコッコーと鶏が鳴き、コーランの声が響きわたる。

④　授業。

先輩隊員のアドバイスをいただきながら、毎日授業を行う。きちんとした教壇経験がないのが致命傷だった。「日本語を教える」ということより、生徒をどう導くか、学校での教員経験の有無が問われる。50分の教案を作成しても、まったく思うように進まない。しかも字が大きい私は、すぐに黒板がいっぱいになり、書いては消して、の繰り返し。風通しをよくするためか、壁にはぼこぼこ穴がある。いくら声を張り上げても、外に抜けていく。最初は、おとなしかった生徒たちにもすっかりなめられ、なかなか言うことを聞いてくれない。初めて人前でどなった。一瞬、教室が静まりかえり、その反応に逆に自分が驚く。疲れと落ち込みの連続。当時はメールなどなく、同期とは、手紙で近況報告しながら、励まし合う。

そんなある日、日本語教師のコーディネーター役の先輩隊員が訪問し、模範授業をしてくれた。静かな声で語りかける。「本を閉じて」など簡単な指示はジェスチャーを交えた日本語で、合間の雑談は簡単な英語で…。常に大きな声を張り上げ、また、直説法で教える限りはすべて日本語で、と頑なに思っていたことが1つずつ覆され、生徒以上に、「へえ～、なるほど」「そっか～」とうなずき続ける私。ふと気づけば、まだ授業が始まって10分しかたっていないのに、生徒たちはすっかり先輩隊員の虜になり、目はきらきら輝き、お尻を椅子から浮かせ、次はどんな言葉が出て来るんだろう、一言も漏らすまいと耳を傾けている。私は、こうして先輩や同期隊員に育ててもらった。

マレーシアで日本語教育は必要ですか？

苦痛の3カ月を終え、学期末の休みに入った。私は帰国後、協力隊に参加したいという方に必ず話すことがある。それは「ある程度経験をつんでから参加すること。自分も充実した活動ができるし、現地の人にとってもプラス面が大きい。」

活動に慣れてくると問題点も見えてくる。全国でもトップクラスのエリート校で行われている日本語教育。一学年4クラス中、上位2クラスがアラビア語、下位2クラスが日本語と自動的に振り分けられる。イスラム教徒が大半のなか、この分け方もわからないではないが、どちらにしろ、生徒にとっては、3年次と5年次に実施される全国共通試験の科目にない教科はおろそかにしがちなのは同じこと。生徒たちより両親が「日系企業に就職する際、有利になる。」という理由で、日本語を奨励することもあるという。

当時は、日本語教材が充実していなかったことから、数年前の隊員から、マレーシアの生徒用日本語教科書を作り始めていた。日々の授業の準備のほかに、教科書作成に関わる作業も加わり、誰もいない職員室に1人残って仕事をすることも珍しくなかった。「こんなに一生懸命になっても、生徒たちに日本語は必要とされていない。日本のODAを使って活動する必要がどこにあるのだろうか?」いつもそんなことを考え、自問自答していた。

もう1つ、隊員が感じた大きな壁、それは民族に関わることだった。隊員が派遣されている学校は、国の政策であるブミプトラ政策（マレー人優遇政策）によるもので、マレー系の生徒がほとんどだったが、ごく少数、非マレー系の生徒もいた。彼らは大変優秀で、中国系は漢字がわかるだけに、日本語能力検定試験3級に合格する生徒もいた。しかし、彼らには国費留学生として日本に留学する道は閉ざされていた。成績次第では、日本留学の可能なマレー系より優秀であっても、だ。「僕らは日本には留学できないから」と自嘲気味に話す生徒を目の前にすると、理不尽さを感じてしまう。教育省担当者との意見交換会でこの話をもち出しても、もちろん取り合ってもらえない。「民族によって機会が平等に与えられないことへの不平等」も、マレーシアという1つの国家としてバランスを保ち発展していくためには必要なこと、と解釈せざるを得ない。ここで体験したことは、十数年後、「日本の多文化共生社会」を考える上で大きな土台となっている。

日本語が好きになった理由

帰国して数年後、地元の大学にいるマレーシアからの留学生に会ったときのこと。「先生は、STARの先生だったでしょ？　ファイズルを覚えていますか？　私はファイズルの弟です。」と突然聞かれた。この留学生は、兄が勉強している日本語に興味をもち、自分も日本語を選択しようと思っていたが、成績優秀のため、アラビア語のクラスに振り分けられてしまう。そこで、アラビア語の先生に何とか頼み込み、日本語選択のクラスに入れてもらったとのこと。「お兄さんがもっていたあの赤い日本語の教科書をいつも見ていた。自分も勉強したいなあって思って…」

お兄さんが勉強していたことがきっかけで日本語に興味を抱き、日本留学につながったとすればこれほどうれしいことはない。帰国して10年以上たって、やっと協力隊が日本語教育を行う意義を実感することができた瞬間だった。

また、帰国して15年たったある日、マレーシアから手紙が届いた。

「先生、僕を覚えていますか？　日本語の先生の住所をなくしてしまってなかなか手紙を書くことができませんでした。あの頃、僕は日本語をまじめに勉強しませんでした。でもずっと、先生の住所をずっとさがしていました。僕は今、弁護士をしています。」と英語で書かれた手紙のなかに、たった一言だけ日本語が書かれていた。「さようなら」「僕はこの言葉しか日本語を書けません。悪い生徒ですね！」と…。

生徒たちに育ててもらった新米教師「生徒の皆へ、ありがとう！」

1年たつと、生活はもとより、だいぶ学校にも教壇に立つことにも慣れてきた。マレーシアの教員、特に校長先生はとても厳しく、絶対に反抗したりはしないが、日本語教師は完全になめられていた。ある日、宿題をやってこない生徒を厳しく叱った。授業後、生徒数名がやってきて、「先生、あの子の日本語はだめだけど、クラスで一番足が速い。放課後の体育の時間にぜひ見に来てほしい。」という。暑い日中を避け、夕方から体育の時間が始まる。確かに、私が叱った生徒は、喜々としてグラウンドを走っていた。人にはそれぞれ得手不得手がある。日本語ができないだけで、人格まで否定するような叱り方をしてしまったことを深く反省し、生徒たちに大切なことを教えられたと思った。

教壇に立ったのは、大学4年のたった2週間の教育実習以来だった。なんとひどい授業だったことだろうか。それでも、ただ一生懸命なだけの先生を慕ってくれた生徒たちからたくさんのことを教えられた。授業がうまくいかず、落ち込んだり泣きたくなるようなことも何度もあったが、「生徒たちはわたしの宝」だった。

帰国後。そして「開発教育」との出会い

本当にあっという間の2年。帰国の機中、寂しさで体が引き裂かれそうな思いだった。マレーシアにいる間は、活動が忙しく、帰国後のことなど考える余裕がなかった。

幸いにも、帰国直後、前職の勤務先から復職の話が来た。迷いに迷ったが、国際協力から遠ざかりたくない気持ちが強く、復職をお断りした。それから3カ月、いろいろ探したが、なかなか見つけることはできず、地元での就職を諦めかけていた時、「協力隊を育てる会」の方から、「県の国際交流協会というところに入れてもらえそうだ」と紹介され、まずは臨時職員として就職。非常勤職員として、研修員の日本語教室、協会の庶務的な仕

事に携わった。また、仕事柄、さまざまなところで体験談を紹介する機会をいただいた。人前で話すのが大の苦手な私も、体験談だけは、何度でもあの風景がよみがえり、言葉があふれてきた。

しかし、「国際交流」となるとあまりに壮大すぎて糸口すらつかめない。就職して半年後、箱根でのセミナーで知り合った協力隊OBから紹介された「開発教育」と出会った。そこから道が拓けていった。その後、東京での開発教育のセミナーにも積極的に参加。当時は「開発教育は白河の関を越えていない」と言われており、「最北の参加者」で知り合いも少ないなか、県外のOBとの出会いやつながりが私に大きなパワーを与えてくれた。また、地元で志を同じくするJICA専門家の奥さんたちと、開発教育を学ぶ「岩手国際理解教育研究会」を立ち上げ、勉強会やセミナーなどにも取り組んだ。この活動が当時の県内外のさまざまな方々とのネットワークを含め、今の私の仕事の土台になっている。

最初から、正職員採用はないと言われていたものの、4年も過ぎると不安になってきた。他に正職員の職を求めることを考え始めていた矢先、「国際交流プラザ」開館が本格化し、それと同時に正職員採用が決定した。地方でこのような職を得ることは難しく、本当に恵まれていたと心から感謝している。

そして協力隊に参加して21年、国際交流協会で勤務して19年目の今、自分の人生にとっての協力隊とは？　と問いかけてみる。協力隊に参加しなければ、今のような仕事に就くことはなかっただろうし、今の自分もなかったと思う。まだまだ進行形のなかではあるが、協力隊が私を「天職」に導いてくれたことだけは間違いない。

地域に根ざす「覚悟」

今、地域で国際交流や協力に携わるなか、時代は変わったと思う。協力隊の説明会に今風の女子学生や親子連れで参加される姿を目にし、協力隊はもはや「カワリモノ」ではなくなった。私は、協会に就職して以来、心の片隅で、協力隊ＯＢとしてのささやかなプライドをもち、「協力隊ＯＢとしての評価」を意識していたように思う。たかが2年、されど2年の経験をどのように社会とリンクし還元していくことができるか、この職を与えていただいた私の帰国後の大きな使命でもある。

近年、20年前よりずっと、協力隊の体験を国内に還元することが強調されている。それだけ、協力隊の認知度が高まり、帰国後の活動に期待が集まっているのだろう。また、いま日本では、外国人労働者や国際結婚配偶者の増加で、「多文化共生」という切り口の新しい地域づくりが求められ、ここでも協力隊体験が各地域の多文化共生社会の大きな力に、と言われている。ここで思い出すのが『地域からの国際化』（チャドウィック・アルジャー著）の「ローカリストはもっと国際的な視点を、そしてグローバリストはもっと地域の視点を」という言葉だ。海外志向の強い私たちOBがもし本気で、協力隊体験を地域で生かそうとするのであれば、地域に軸足を置き、地域に根ざして活動に地道に取り組む「覚悟」が求められる。2年間の体験をそのまま地域に還元できるほど地域の多文化共生社会の構築は簡単なことではない。私も長く岩手を離れていたので、やりがいのある職、と思いながらも、なかなかこの地に根付くことができずにいた。しかし、長きにわたり、地域のさまざまな活動に貢献しているOBの方々の活動を見るにつけ、多少の窮屈さを感じながらも年月をかけて地域に根を張り続ける作業が必要であることを学んだ。今、地域の多文化共生を考えるなか、マレーシアにいた時はどうだったかな、と思い出すことが多く、20年たった今も、協力隊やマレーシアとつながっている幸せを感じる。

こうして20年前を思い出しながら、筆を進めるなかにも、いろいろなシーンがよみがえってくる。帰国後、2年ぶりに自分の部屋に入った時、同期で作成した2年間分のカレンダーが目に入った。そのカレンダーに、1日1日赤い○印がつけてあった。この2年間の喜怒哀楽がよみがえる。マレーシアに行って1年後、一緒に退職しMBA取得でアメリカに留学した同僚が殺害されたという悲報を受けた。不安を抱えながらも、娘の夢を受け止めてくれた父と母。両親にとってどんな730日だったろう。隊員生活のなかで感じた「貧しいなかでの家族の温かみ」から、気づかなかっただけの自分に与えてもらっていた家族のぬくもりに、また支えてくれた友だちや周囲の方々に感謝し続けたい。

その後

5年の歳月が流れた。管理職として「人を育てる」というとてつもなく大きな重責に悪戦苦闘の日々を過ごしている。途上国支援でも「人づくり」という言葉が一つのキーワードでもあるが、どんな世界でも次の世代にバトンを渡すことは、人として課せられた大切な仕事であることを実感するようになった。

若い世代と接することが増え、中には「協力隊に行きたい」という青年と出会うこともある。その反面、就職活動のために任期短縮をしたOVや、インターンシップと同じ感覚で協力隊を考えている協力隊予備軍の話を耳にし、「協力隊そのもの」が変化してきていることを感じる。それは若い世代の変化というより、社会の協力隊の捉え方の変化だと思う。

帰国して25年が過ぎ、自分の日常と協力隊がすっかり離れてしまった今、また協力隊の記憶がよみがえってくるようなことが起きた。

私は、帰国してから1人のマレーシア留学生と出会い、彼が日本に関心を抱くようになったのは、彼の兄がレジデンシャルスクールで日本語を学んでいたことがきっかけだったこと、その兄の日本語の先生が私だったと知り、協力隊の日本語教育も無駄ではなかったのだと初めて実感でき、とてもうれしかったことを前述した。

彼は岩手の大学で6年間学び、国際交流のイベントにもとても積極的に参加し、行く場所ごとに彼のファンが増えていった。今でも「ハスヌルさん、どうしている？」と聞かれることがある。

先日、突然マレーシアから彼の訃報が届いた。彼が大学で研究していたことは、現在、福島の除染作業にも実用化されているということを知っていただろうか。30代後半でこの世から去ってしまったことは本当に悲しい。日本から彼のご冥福をお祈りします。

宮　順子　岩手県盛岡市出身。
明治学院大学卒業。マレーシア銀行東京支店勤務後、青年海外協力隊の日本語教師としてマレーシアに派遣。現在、公益財団法人岩手県国際交流協会勤務。

第7章　ジャマイカで学んだちょっとした勇気

協力隊参加のきっかけ

将来の仕事や夢を考え始めた高校2年生の時、協力隊ＯＧである看護師の話を聞く機会があった。その人は、私が今まで本やテレビでしか触れたことのない途上国の様子、日本では考えられない生活の不便さ、文化や習慣の違い、当時の私にとっては苦労話に聞こえかねない経験を笑い話にして楽しそうにイキイキと話していた。この人が話してくれることを聞きもらしてはいけないという感覚があり、心の中で初めて「こんな仕事を私もやりたい」という思いが湧きあがった。

月日は流れ、看護師になり経験を積み、それなりに充実した日々を送っていた。協力隊のことを忘れかけていた頃、公私ともに尊敬していた先輩看護師のＡさんが突然、病気で亡くなった。2～3日前に何気ない会話をしていた。Ａさん、死ぬ直前に何を思ったのか、何がしたかったのか。Aさんには「実は、協力隊に参加したいんです。」と、相談したことがあったな。人生で後悔しないために、協力隊に参加するという気持ちが強くなった。

でも、協力隊に参加したくても、単なる看護師じゃ日本に何万人もいる。青年海外協力隊に参加するためには試験だって面接だってある。どうしたら合格できるのか、HPに掲載されている内容は、応募の方法、協力隊が活動していることしか書いていない。協力隊の募集のパンフレットは応募要項しかない。普通の看護師じゃ合格なんてできないと思い込んでいた。普通じゃなくなるためにはどうしたらよいのかを考えている時に、国境なき医師団のポスターを見つけた。わけもわからずに説明会に参加し、長崎大学熱帯医学研究所研修課程という存在を知った。そこは、熱帯医学を中心に医師・看護師・検査技師・薬剤師が熱帯医学を学ぶ3カ月の研修コースで、ここに行ければ普通の看護師じゃなくなるから協力隊に合格できると、願書締め切りまでに数日しかなかったが、迷わず願書を提出した。

長崎大学熱帯医学研究所研修課程は、毎日が驚きと発見の日々だった。一緒に学んでいる仲間も熱帯医学分野・海外で仕事をしたい医療者たち。そんな仲間とボウフラを採取し、蚊を捕獲・観察しとマラリア・デング熱・日本脳炎・寄生虫疾患・HIV/AIDSについて学ぶ日々。病院を退職した私にとって、何もかもが新鮮で今までに感じたことのない学ぶ喜びに、毎日が途上国での活動・青年海外協力隊の試験の合格に近付いているような気がして刺激的だった。その研修後、大学の先生の紹介でタイに熱帯医学に関する研修に行き、タイでのマラリア・デング熱・HIV／AIDSの実際の患者に会い、病院で検査・治療・病棟での看護を見学させてもらった。タイの研修で一番印象に残ったのは、HIV／AIDSの患者たちとの出会いだった。やせ細った身体・力なく咳をする姿、身寄りがなかったり、家族が傍らにいたりと状況はさまざまだった。病院のベッドで横になっている姿に、予防できる病気なのになんでこんな苦しむ人がいるのだろうと何もできないくせに、イラ立つ自分がいた。

そして、青年海外協力隊の秋募集が始まる頃に日本に帰国。応募要項を見たら、「新職種・エイズ対策」の記載、これはもう受験するしかない。何かわからないけれど、誰かから呼ばれたと思い込んだ。そして、もちろんエイズ対策で受験し、一次選考合格、二次選考では、面接の時に、自分の思いが溢れてしまい、「私は今まで青年海外協力隊に参加するために、看護師になり病院で経験も積み、長崎大学熱帯医学研究所の研修課程も行き、タイで途上国で、マラリア・デング熱・HIV／AIDSの患者さんを見てきました。日本で働いている看護師より少し経験も積みました。ですから合格させてください。どこでも行きます」と懇願し、何度もお願いしたのを覚えている。偶然にもこの面接官3人のうち、2人が長崎大学熱帯医学研修での講師であったため、少し緊張が和らいだことは助かった。あとの1人とも2年後のジャマイカ帰国後に別の機会で会い、この面接は「元気のいい奴が来た」と面接官たちの笑いを誘っていたと話してくれた。

合格通知が来てジャマイカに派遣が決まった。要請内容は、「教育省オールドハーバー支局で、スクールカウンセラー部に所属し、HIV／AIDS予防啓発運動を実施する」であった。なんだ？　アフリカじゃないのか、そんな思いもよぎったが、間もなく技術補完研修への参加となった。職種「エイズ対策」として、基礎知識・他国の現状、啓発活動の方法、実際のHIVに感染している人との出会い等、同じ国に派遣される仲間と親交を深めたり、HIVの悲惨な現状に涙することもあったりと内容の濃い5日間であった。

そして、2004年4月、福島県二本松市の訓練所に入所、200名近くの協力隊訓練生との生活が始まった。訓練生の1人が自己紹介で「ここに来れば、私も普通の人になれる」と言って大爆笑をとっていた。そっか、みんなそういう人たちかと思ったら、自分がすごく楽になったのを覚えている。入所前は、この2カ月半は、団体行動があまり得意じゃない私にとって、きっと大変つらいかもしれないと少し心配もしていた。そんな心配なんてまったく必要なかった。一芸に秀でた人・専門性のある人・熱意とやる気にあふれた人たち・とにかく元気な人たち・全員が途上国に派遣され、その国の人たちのために頑張るという意識をもった人たちであった。鳥が鳴けば、鳥の種類を教えてくれる人がいる、食事に魚が出れば、その魚について詳しく教えてくれる人がいる、歌を歌えば、歌の指導をしてくれる人がいる、写真を撮ろうとすると、構図やシャッタースピードを教えてくれる人がいる、挙げればきりがない。あっという間に2カ月半の訓練は終わり、別の国に行く仲間とは2年後の再会を誓い、別れた。2年後、約束は果たされ、今も定期的に会う仲間・親友となっている。

ジャマイカに派遣されて

2004年7月、日本を発ちNY経由でジャマイカに降り立った。着陸のアナウンスが流れた途端、周りから拍手が起こった。ジャマイカ人たちが母国に到着した嬉しさなのか、安全に到着した嬉しさなのかはわからないが、そんな拍手に戸惑いつつ、埃臭くて暑いノーマン・マンレー空港に降り立った。初めてたくさんの黒人たちを目の当たりにして、少し気後れしていた。

数日後、配属先から迎えが来る日、私の所属先のドライバーだけが来なかった。ジャマイカ人のために、任地オールドハーバー・所属先、青年教育省支局のために、それぞれの学校・子供たちのためにと2次試験を合格してから抱いていた熱い心が裏切られた、それが普通の感情なのかもしれない。私の場合は、もちろん少しの寂しい気持ちはあったが、なんだか笑ってしまった。やっぱりここは途上国と再確認できた。所属先のドライバーが来た同期の仲間たちからの慰めの言葉と、JICA事務所の人たちは私に気を使って夕御飯を奢ってくれるという気持ちに感謝したものの、私の経験値の面白引きだしが増えたと思うと、気持ちが楽になった。「私に期待してないな、いやいや気にしてないのか」と自分でツッコミをいれていた。翌日、所属先のドライバーは謝りもせず、所属先ならびに私が住むことになるホームステイをする家まで送ってくれた(後でドライバーに聞いたら、日を間違ったとか俺は知らんとか言っていたが)。

勤務初日、待てど暮らせど私の同僚・上司が来ない。私の所に来たのは、19歳の男の子ケストン。このケストンは、いわば派遣社員のようなバイトのような電話番のような、いま考えれば当たり前なのだが、私の仕事内容・所属先のことを聞いてもあまりわからなかった。わかったのは、合格後に送付された派遣要請書の通りの場所にいることを確認できた。それを聞いて、少し安心した。そしてケストンは「部長は休暇中。いつ戻るかは知りません。貴方の同僚？　知りません。頼まれているので、出勤したらここにサインをして下さい」と出勤簿をもってきた。それから数日、同僚も上司もいない中、何をするわけでもなく、時々ケストンと話し、出勤したら出勤簿にサインをする毎日だった。きっと途上国で生活する自分に酔いしれていたのかもしれない。これから何かが始まるというワクワク感とドキドキ感と、何をしようか何ができるのかと考えていた。

そんな数日が過ぎたある日、ジャマイカ全土をハリケーンＩＶＡＮが襲った。雷雨の激しい音・何かが飛ばされたか壊れたかの激しい音に驚き、恐怖も感じた。翌日、いつものように出勤すると、誰もいない。いつものように出勤簿にサインをしていたら、たまたま何かの忘れものをした人が、「家に帰りなさい。しばらく仕事はないよ」と教えてくれた。

それでも毎朝、職場に顔を出し、出勤簿にサインをして帰る日々を過ごした。町の郵便局の窓・ドアは雨風に曝され、貸与された携帯電話の充電は切れ、夜に星を眺め、停電がいつまで続くかわからないので、ロウソクに火をつけるのももったいない気がして、暗くなったら寝る日々を過ごした。市場や店には多量のハエと蚊が発生し、断水・停電は５日目を迎えた。

日中は、仕事がなくやることもないので、町を歩いた。疲れないと眠れない、夜が長くなるからだ。灼熱の太陽の下、長い夜を眠るために身体を疲れさせなければならない。汗をかくからシャワーを浴びたいけれど、断水なので入れない。でも、自分の身体は臭くてベタベタしても、みんな一緒だと思うと少し気が楽になった。

家の前にあった教会のトタン屋根は吹き飛び、電気も水もないのに、日曜日にはミサがあった。そこに集う人たちが色鮮やかなお洒落な洋服を着て、讃美歌を歌う。ジャマイカは国土面積に対して世界で一番教会の数が多い。土日ともなると、あちらこちらから讃美歌が聞こえ、町は教会に行くためにお洒落をした人たちが歩いている。ハリケーンの影響で電気も水もない週末は、彼らにとって大したことではないことを表わすかのように、いつもの週末が過ぎていた。

翌日から少しずつ職場に人も集まり始めた。そうはいっても決まった仕事といえば、出勤簿にサインしかない私は、ランチでも買いに行こうと町を歩いていた。そんな時、人の出入りが多い場所があり、よく見てみると、乳幼児を連れた母親らしき人々が行列を作っている。近づいていくと、「オールドハーバー保健所」と書いてあった。コンクリートに青いペンキが塗られ、壁には手洗いや予防注射を訴えるポスター。お世辞にもきれいとは言えない建物の中から、白衣を着た人が出入りしている。もしかしたら、何かつながることがあるかもしれない。そう思って、約束もなしに訪問してみた。「私は日本から来た看護師です。今、教育省支局でＨＩＶ／ＡＩＤＳのボランティアをしています。私は来たばかりでジャマイカ・オールドハーバーのことを何も知らないので、教えてください」そんなことを言ったと思う。なにか仕事につなげたい、少しでもヒントを得たい、必死だったのかもしれない。私の話を穏やかに真剣に聞いてくれたライトは、保健師であり、その保健所の所長だった。「この辺のことを知りたいの？　そうね、じゃあ今日はこれから予防注射に行くけどついてくる？」　早速、私を車に乗せて数十キロ離れた場所まで乳幼児の予防注射の巡回に連れて行ってくれた。行く途中、ライトからたくさん質問された。それは好意をもって、私を知ろうとしてくれていた。そこで図々しくも「教育省支局では私に仕事はありません。もし可能なら時々来てもいいですか？」と聞くと「もちろん！」と快諾してくれた。任地に来て1カ月、同僚も上司もいない。ハリケーンのせいで、10日目の断水・停電と身体も心も少し疲れていたのかもしれない。ライトへの感謝と懐の深さと仕事を得た喜びで、感極まって泣いてしまった。泣く私を見て、ライトは優しく穏やかに

「大丈夫よ。問題ない、泣かない女はいないのよ（No Woman No Cry）。だから泣いても良いのよ。泣きたい時には泣きなさい」と、ジャマイカの有名なレゲエミュージシャン、ボブマリーの歌の歌詞を言ってくれた。協力隊が派遣される途上国で暮らすことで起こりうる問題は予想していた、いろんな壁があることも知っていたのに、ある程度把握していたのに、いざ自分の身に起こると、けっこう精神的にくるものがあるんだなと妙に客観的になっていた。

その翌日から朝、職場に顔を出して出勤簿にサインをし、保健所に行くという日々を1カ月近く過ごした。時々行くのではなく、毎日となっていた。それでも、休暇中の上司は来ない・同僚はいない。ライトは、週に2～3回、予防注射や健康教育の巡回指導をしていた。その度に一緒に連れて行ってくれた。そして毎回「彼女の名前はユミ、日本のナースよ。ジャマイカのHIV／AIDS予防のために来てくれたの。だから、敬意を払って接してください。もし町で彼女を見かけたら、決して嫌な目に合わせないでくださいね」その温かい心配りと配慮に、日々癒された。その後、帰国までの活動期間中、1週間に1～2回は、私の活動場所として保健所に通うことになった。

待ちに待った上司登場

ある日、職場に行くと上司が出勤していた。びっくりして緊張しているのも束の間、今まで職場で何をしていたのかを聞かれた。私は正直に「ここでの仕事がわからなかった。特になかったので、保健所でオールドハーバー周辺の様子を保健師と一緒に巡回して教えてもらっていました」と答えた。上司は「ＯＫ。では今日から学校の現状を知りましょう」と、色んな所に私を連れまわし、職場の管轄内の学校のスクールカウンセラーたちに一気に名前が知れ渡るようになった。もちろん、これは私の仕事じゃないと言いたくなるようなこと、例えば、教育関係の資料作成やコピーとり、会議準備や来賓接待、時には同じフロアーにいる同僚の子どもの子守りもした。ひたすら上司を待ちぼうける日々より、何か仕事がある方が嬉しかった。保健所に行くと約束した日に、上司から仕事を振られることもあった。でも、相談すると、急ぎの仕事でなければ、保健所に行かせてくれた。急ぎの仕事の場合は、保健所にキャンセルの電話をかけると、「教育省の支局で仕事ができたのはユミにとっては、とてもハッピーなことでしょ。大丈夫、問題ないよ」と、答えてくれた。こんな返答にいつも感謝し、目の前の仕事がたとえ資料のホチキス止めでも前向きに仕事をすることができた。

少しずつではあるが、上司のおかげで学校関係者に知り合いも増え、私が何をしに来たのかを説明する機会も得た。ＨＩＶ／ＡＩＤＳ予防啓発の説明を生徒やＰＴＡのために行う、呼ばれればどこにでも行きます！　と伝えながら自己紹介をしていった。

HIV／AIDS予防啓発活動

ＨＩＶ／ＡＩＤＳと言えば、アフリカを想像される人も多いと思う。ジャマイカはＨＩＶ／ＡＩＤＳ感染率は１％～２％であり、アフリカ諸国の10％越えと比べたらまだ問題じゃないと言う人もいるかもしれない。感染率だけで比べたらそうかもしれないが、ジャマイカは文化的にも性に関する行動が活発であること等、潜在的な感染の危険性があると考えられ、青年海外協力隊の派遣要請書が出された。私は、ジャマイカ全土に6カ所ある教育省支局の1つ、オールドハーバーに派遣された。他の5カ所にも同じように協力隊員が派遣されているが、経歴・年齢はさまざまであった。

オールドハーバー教育省支局にＨＩＶ／ＡＩＤＳの予防啓発活動をしている外国人がいるとわかったら、それぞれの学校のスクールカウンセラーたちが、すぐにお願いの電話をくれるほど簡単な活動ではない。売り込みをかけるために電話したり、管轄している学校に手紙を書いたりした。その手紙に反応して連絡をくれた人なんかいなかったかもしれない。時には、上司の仕事で知り合った学校の校長先生に、売り込んだりしたこともある。いざ行けることになっても、職場の車で行くはずが、誰かの都合やガソリンがないという理由で行けなかったこともある。そんな失敗から、JICA事務所に隊員支援経費の申請をして、交通費を出してもらい、乗り合いバスや乗り合いタクシーを乗り継いで行きに2時間半かけて行ったこともある。交通事情の影響でジャマイカ人同様に大遅刻となってしまったり、今日はそこまで行くバスがないと言われて行けなかったりもした。「申し訳ない」と電話したら、「大丈夫、問題ないわ。またね」と言ってくれる優しさがありがたかった。

World AIDS Day

12月1日は世界エイズ予防デー。1年目のWorld AIDS Dayは、首都で行われたイベントに参加した。2年目のWorld AIDS Dayは、任地の人たちのために何かできないか色々考えていた。週1回行く保健所の人たちと相談すると、「お金ないよね。まず寄付を募ることから始めよう。それから寄付をしてくれる店にお願いに行けばいいんじゃない？ ユミ、忙しくなるからね」と色んな手順や方法を教えてくれた。それはジャマイカですでに1年過ごした私も驚く方法や、日本ではあまり考えられない手順で事が進んだ。

まず第1は、寄付集め。私のイメージだと箱とか瓶とかをもって人に寄付をお願いするのかと思っていたら、イベントの告知をした小さな紙にお茶のティーパックをホチキスで留めて、1セット50円の寄付を募るというもの。まさかと思いつつ、少しずつ集まりだした。ジャマイカはキリスト教徒が多く、寄付というものにあまり抵抗がないらしい。寄付をしてくれる人にお釣りがないからどうしようと言ったら「釣りはいらない」という人まで出てきた。そのうち、私も余裕がありそうな人からは、「お釣りがない」「50円以上の寄付で高値歓迎」という図太いお願いまでできるようになってしまった。最終的に、日本円で5,000円ぐらい集まった。

第2に、場所を決める。World AIDS Dayに保健所と一緒にイベントをやろうと思っているが場所がないと、職場の上司に相談したら、「短期大学でやれば?」と助言をもらう。そこは、職場から歩いて400m、保健所から歩いて200mの場所。どのように連絡し了解を得るのか聞いたら「私が電話しておくから、お願いに明日にでも説明に行ってきなさい」と言う。場所の候補ができたことで、嬉しい気持ちが先に立って「今からでも説明に行きます。今、電話してください」と、返答。上司も笑いながら、すぐに連絡してくれた。

第3、スピーカー・音楽・DJの準備をする。ここジャマイカはレゲエ音楽で有名な国で、町中に音楽が大音量で流れている。「イベントには音楽が必要でしょ？　だってここはジャマイカだもの」音楽やスピーカーのないイベントなんてあり得ないとまで言われてしまった。町にあるイベント業者に寄付を依頼した。寄付じゃ駄目だというので、破格の安さまで交渉。2時間3、000円、通常3万円ぐらいのところ、10回以上通い詰めて交渉した。上司と話し、この3、000円だけは、教育省に払ってもらう約束をした。

第4、寄付の品のお願いに行く。任地の町を歩きまわり、お店に行って寄付の品を募る。保健所のスタッフに聞いた通りに「12／1イベントやります。ジュースを200個寄付してください」近くにあったジュース工場でお願いする。大きなパン工場に行って、「12／1にイベントやります。その時200個パンください」ジャマイカ発のファーストフード店で「12／1にイベントやります。パティ（ミートパイ）200枚ください」今、考えればよく寄付してくれたなと思うことも多い。5件回ってジュース200個とパン200個、パティ200枚しか取れなかったと報告したら、「外国人が寄付を頼みに来るなんて珍しいからくれたのよ」と言われた。意外なところで外国人効果を発揮できた。

第5、イベント内容の交渉。近隣の小中高の学校4校と、場所をお借りする短大にも声をかけてみた。代表者数名で歌・ダンス・劇をHIV／AIDSに関連したものでお願いしたいと言ったら、学校側も生徒も歌・ダンス・劇は慣れているようで、すべての学校から快諾を得られた。また、9月ぐらいからHIV／AIDSや性感染症の予防啓発をしている劇団に出演依頼をしていた。地域の寄付金で行うイベントだから、交通費も出演料も払えないと話していた。半ばあきらめていた11月後半に、タダでも行く！と言ってくれた。この劇団の劇は何度も観たことがあるのだか、日常生活でよくある場面・誰にでも起こりうる場面から予防啓発を訴える劇を行いながら観客を巻き込みつつ、最後は歌とダンスで盛り上げる。任地の人たちも喜んでくれると確信していた。

第6に、マーチの準備をする。町の人たち、参加してくれる小中高校、短大の人たちが大通りを歩く。マーチの初めにもつプラカードや旗のようなものは、保健所が準備してくれることになった。町の中心にある警察署で、窓口の警察官に内容説明をしようとしたら「OK！」と軽く言われた。上の方の人にも説明した方がいいのか聞いてみたら、大丈夫とのこと。あまりに窓口で外国人が、本当に大丈夫なのか？じゃあ、いつがイベントの日？と押し問答している姿に、近くにいた警官たちも傍によってきた。これはチャンス到来と思い、「私は日本人のユミと言います。12／1 ○○短期大学でWorld AIDS Dayのイベントやります。で、12：30～マーチを行うので警備をお願いします。今ここにいる皆さん、忘れないで。私は警備のお願いに来ました！」 そばにいた名札のついた警官たちの名前を呼んで「Jhon, Are you OK?（あなたは大丈夫）Gerry! You too！（あなたもよ！）…」 4～5人の名前を呼んで確認した。笑いと拍手が起きた。これで、聞いてないとは言わせない、そんな気持ちもあり、笑顔で警察署から出た。

第7、事務作業：イベントのプログラム準備。イベントの内容は決まっており、大まかな内容も保健所の人たちとも詰めていた。せっかくだから、「プログラムの順番に、偉い人の挨拶とか入れるとさらに良いかも」と、真っ当な意見をいただく。そこは上司に相談、教育省の支局長にお願いするとのこと。保健所では保健省の№2が話すとのこと。開始時間・物事の最終確認を行いながら、イベントがそれなりに形になりそうな予感に毎日ワクワクし、本当にできるのか不安な日々でもあった。

イベント当日

参加予定していた学校の1校が来ない（翌日に連絡があり、日にちを1日間違えてしまったとのこと)、寄付をしてくれると言ったパン工場のパンが届かないトラブルはあったものの(理由はわからずじまい)、最終的にダンスと音楽で大盛り上がりであった。少し心配していたマーチの最中、数十人の警察官たちは、2車線を一時的に止め、安全に実施できた。保健所のスタッフは止めた車のドライバーたちに笑顔でコンドームを配布していた。ドライバーたちも笑顔で受け取ってくれた。

今回のことを提案したのは私だったが、保健所・職場、警察・ジュース工場・ファーストフード店、近隣の小中高校生、寄付をしてくれた人たち、関わった人すべての皆様のおかげであったと感じた。そしてイベントの最後に保健所のスタッフが、「あなたは大変なことを成し遂げたわ。教育省と保健省で一緒に何かやるってこと今まで聞いたことないのよ」と言ってくれた。その言葉に、今まで私が保健所に週1回程度訪問し、仕事のない職場へ通った日々も無駄ではなかったと感じた。後日、上司にも同じ言葉を言われ、本当に嬉しかった。その時、たまたま遊びに来ていた期間限定職員だったケストンが、「ユミ、すごいね。ノートに名前だけ書く仕事しかなかったのに。保健所にいく、ちょっと仕事ができた!　って喜んでいたぐらいだったのに、教育省と保健省と一緒のイベントやったんだって?　すごいじゃないか!」と昔話をしながらも私を喜ばせることをたくさん言ってくれた。その話をきっかけに私は色々思い出し、上司に褒められた嬉しさも重なって号泣してしまった。その直後、上司にはケストンと恋愛関係にあるんじゃないかと疑われてしまうというハプニングもあったが、何とかそこの疑惑は拭い去り、最後は笑い話で落ちがついた。

協力隊経験を経て、

帰国後、協力隊燃え尽き症候群を発症しているという自覚があった。心のどこかですぐにジャマイカに戻ると思っており、1カ月先の予定すら決められなくなっていた。でも、何もしないのも暇なので、大学病院での勤務しか知らなかった私は、派遣看護師として巡回入浴サービス・訪問看護・小学校の林間学校の付き添い、人間ドック・健康診断・クリニックでの外来、小規模・中規模病院で勤務等、看護師の資格で働けるあらゆる場所で働いた。

任期中は、日本の医療・看護師を比較して、ジャマイカの医療・看護師の衛生面や患者さんへの対応は、どこかで発展途上国だから仕方ない、少し下に見ていたと言っても過言ではない。しかし、ジャマイカの看護師だって衛生面には気を使っている。断水することを予測して貯水しながらも、きちんと守るところは守っている。日本人の私から見ると、ジャマイカの看護師が患者に対して厳しい・怒っていると感じても、患者さんは最後には「ありがとう」と言って帰る。患者さんの生活や思いを一番に考えるというのは一緒だったということを日本の色んな職場を見て感じ、改めてまたジャマイカを好きになった。

私は、協力隊の2年の間でたくさん泣いた。日本にいた時の20倍は泣いたと思う。その涙の内訳は、喜怒哀楽さまざま。たくさんの人に出会い、色んな涙を流した私は、良い意味でも悪い意味でも、かなり前よりもっと図太くなったと思う。泣きたい時には泣いても良いということ、自分の思いを素直に人に伝える大切さ、新しいことをやるための勇気と楽しさと大変さ、1人の人間として看護師として成長させてもらった。

JICA協力隊事務局

縁あって国内協力員としてJICA青年海外協力隊事務局で働くことになり、エイズ対策隊員、エイズ関連対策隊員の後方支援をさせてもらった。俗に言う事務仕事であったが、初めてのOL生活を経験した。協力隊が派遣され帰国するまでの一連の流れには、想像を越える多くの人たちが関わっていることも知った。協力隊が派遣される前までには、治安や生活も含めた多くの調査や準備が必要で、派遣される頃には状況が変わってしまうことも仕方がないのかもしれないと感じた。そして、隊員が任期途中でさまざまな理由で帰国してしまうケース・協力隊の親からの問い合わせ等多種多様であった。現代の日本でも、離職率の高さやモンスターペアレンツが問題となっているように、時代を反映しているのだと痛感した。

国境なき医師団

1年4カ月の間、国内協力員をやりながら、なぜか心の隅にあったいつかアフリカに行きたい気持ち。看護師として、また海外で医療の仕事がしたい、そんな気持ちが拭えず国境なき医師団に入った。国内協力員の契約が終わる数日前に、ケニア行きを打診され、10日後に出発。ケニヤッタ空港では、周囲のケニア人に笑われたぐらい「初めの一歩!」と一歩をかみしめていた。妙にテンションが高く、アフリカへの思いを自分の興奮を表現したのかもしれない。ケニアでは10数カ所の診療所を回り、HIVに感染している患者さんたちを巡回するというものであった。このプロジェクトは10年目を迎え、そろそろプロジェクト終了という時期に差しかかっていた。協力隊での経験から、ケニアに興味・関心をもち、文化・慣習を知るための行動が即座にとれた。その行動は、ケニア人スタッフの信頼にもつながったようで、考えを取り込みながらプログラムを進めて行こうとする私の姿勢も知ってもらえる良いきっかけになった。国境なき医師団のこのプロジェクトには、国籍がバラバラの私を含め外国人スタッフ5人と現地スタッフ100人程度で構成されていた。ケニアの文化・慣習を考えながらケニア人のためにプロジェクトを進行しようとする私と、一番良いと思える方法を効率良く進めようとする外国人スタッフたちとの間で意見が分かれることもあった。「効率は良いかもしれないが、まだケニア人が納得してないのにどうして進めるんだ！」譲れない時は口論となることもあった。時に感情をぶつけて怒り、怒られた。言いたいことを言った後は、ノーサイド。このプロジェクトに関わった外国人たちにも感謝を述べたい。私の任期は半年であり、10年間のプロジェクトにおいて成果は乏しかったかもしれない。しかし、10年間プロジェクトに関わってきたスタッフに、「10年間のプロジェクトの中で、ここまでケニアを愛してくれたスタッフはユミだけ。10年の歴史の中でスタッフ誰もが名前を知っている。それはユミだ」と言ってくれた。これは、もう涙腺崩壊だった。

明星学園　浦和学院専門学校

ケニアからの帰国後、自分には人に教える力が足りないと感じていた私に、タイミング良く派遣会社が紹介してくれた看護学校の教員。勤め始めた頃は、日本社会に再適応できるのか、学生たちを指導できるのか、不安より少し浮わついていて、新たな挑戦と仕事にワクワクしていた。この場所に適応できてもできなくても、こんな経験は誰もができるものじゃない。今までの私の経験を知って、雇用してくれたんだから大丈夫と言い聞かせて早5年経過した。

保健所でのHIV／AIDS予防教育活動の様子

多文化共生という言葉は、外国の文化を知り共に認め合う時に使うと思っていたが、学生指導を通じて世代間・人にも通じるものがあるのだと感じた。多くの学生がゆとり世代に属し、私の発想や考えを飛び越えて想定外・予想外の考え・行動を起こすことがある。今の若者は、と簡単に片づけてしまうのではなく、その世代・その学生に合わせて自分がどう適応していくかを考えていると、協力隊での経験を思い出す。もし困ったとしても、その状況に合わせて、その人と向き合ってコミュニケーションをとり、対応していく過程が面白いのだと。

縁あって結婚し、私も人の親になった。わが子の笑顔をみていると、日本で衣食住に困らず生活していること、わが子の笑顔を伴侶と眺める平凡な日々に感謝している。それに、娘の自由な行動を許してくれた両親にもこの場を借りて感謝したい。

黒川由美子（旧性　狩森）　埼玉県川越市出身
慶応義塾看護短期大学卒業、慶応義塾大学病院にて勤務。
退職後、長崎大学熱帯医学研究所研修課程修了。
タイでの熱帯医学研修後、青年海外協力隊　ジャマイカ派遣。
ＪＩＣＡ青年海外協力隊事務局にて国内協力員。
国境なき医師団参加、明星学園　浦和学院専門学校勤務。

3　その他（大学休学組、大学新卒組等）

第8章　協力隊が変えた野球人生

生い立ち

中学校教諭の傍ら野球部の監督を務めていた父の影響もあって、小学生になる前から野球が生活の一部であった。休日には、バイクの後ろに乗せられ父が勤務する中学校へ。練習や試合が行われているグラウンドの隅を1日中走り回り、休憩時間には子どもながらノックも受けた。遠征試合はもちろんのこと、保護者との懇親会の席まで付いて行くことさえあった。そんな野球小僧が本格的に野球を始めたのは中学校に入学した12歳。

中学校の野球部の練習は厳しく、ほとんど休みもなく1年中野球に没頭した。また、進学した県立高校でも勉学より野球に夢中になった。いずれも全国大会への出場は遠かったが、6年間で得たものは今も自分自身の支えとなっている。その頃、自分の将来は、父のように教師になって子どもたちに野球を教えるものと漠然と思い込んでいた。ただ、どこにでもいるような教師ではなく、何か特別な経験を積んで故郷に帰ろうと考えていた。

高校を卒業後、名門体育大学に進学。野球部へ入部した同期は120人余、全体で400人が在籍する大所帯の一員となり、合宿所で集団生活を送ることになった。驚いたのは、部員数ではなく確立されたシステムで野球の練習が行われていたことである。プレーヤーがいて1軍、2軍、3軍に分かれて練習することはよくあることだが、この野球部にはプレーヤー以外にノッカー、トレーニング担当、審判員、記録員等がおり、それらの役割のためにもまた日々の練習や研究が行われていた。3年生になると慣例的に、プレーヤーはレギュラークラスのみに絞られ、それ以外の者は指導者を目指して違う角度から野球を学びながら、プレーヤーのサポート役に回る。特に審判部の活動は印象深かった。プレーヤーが練習をしているグラウンドの脇で発声練習をしている先輩たちを見て感心した記憶が強く残っている。

入部後はもちろんプレーヤーとして精一杯努力した。しかしながら、力不足は否めず、3年生に進級すると同時に指導者を目指すこととした。プレーヤー時代から、元気の良さが少しばかり認められていたこともあり、すぐに1軍や2軍のサポート役に指名された。夏には練習を仕切るグラウンドマネージャー業務を任されることもあったが、この任務はとにかく厳しかった。当時のコーチから、何をしても怒られたし、上手くいったと思ってもまた、別のことで呼びつけられた。当初は朝から晩まで寝る間もなかった。プレーヤーの練習プログラムだけでなく、400人の部員をどう動かすかまで考え、山ほどの資料を作ったが、ほとんど取り入れられず、結局は何ら変わりないままで徒労に終わることばかりであった。悔しい思いはしたが、つらいと感じる暇さえなかった。マネージャー業務に慣れてくると、監督やコーチが考えていないことや思いつかないようなことを探し出し、先手を打って提案するのが面白くなった。それまでの伝統や慣例をいい方向に変えて評価されることもあったが、自分なりの判断がうまく機能せず、当時の監督にはまた違った意味で注意を受けることが多かった。

協力隊に行く

青年海外協力隊のことを初めて知ったのは、大学2年生のときだった。ある夜のミーティングでマネージャーから、コスタリカという中米の国で野球の指導員の募集があることを知らされた。まだ2年生だったことと自分は故郷に帰って教員になろうと思っていたのであまり意識はしなかったが、2年後にこんな話があったら、自分が手を挙げてみるのもいいかなと、ほんの一瞬だけ自分の姿を想像してみた記憶が残っている。結局、2学年上の先輩が受験し合格した。ちょうど、自分がマネージャー業務で苦しんでいる夏ごろ、先輩は派遣前訓練を終えて監督の元へ挨拶に訪れた。なぜかその時のひとコマの画像がくっきりと脳裏に残った。スーツ姿が凛々しくとても格好よかった。

この野球部は、主将、副主将に加え、指導者コースのなかから指名される数名の役員で運営が行われる。上級生が引退し一番上の学年になったとき、私も役員となり、2軍や新人の育成部門を担当した。また、教員免許取得を目指す者には教育実習があり、わずか3週間ではあったが私も母校でお世話になった。この経験を生かして、来年はいよいよ教壇に立って、そして、野球部の指導もしたい。そう強く思って教員採用試験を受験したが、現実は厳しく翌年度の採用はかなわなかった。

身近なところで、3学年上に高校、大学とも同じ野球部の先輩がいて教職を目指していた。高校時代は、母校始まって以来の快挙となる県大会準優勝時の4番打者で、大学でもレギュラーとして活躍。そんな実績がある先輩でも、卒業後数年間は臨時採用の講師をしながら、毎年、採用試験を受験していた。自分も何年かかるかわからないが、どうしても教職に就きたかったので、同じ道を歩むしかないと考え始めていた。

そんな頃だったと思う。2年前と同じ話を監督から聞かされた。凛々しい姿を見送った先輩の交代要員が募集されることがわかった。監督の意図は、役員を務める私から部全体に周知させて欲しいという主旨だったと思うが、私はいったんメモを取ってしばらく考えその場で受験したいと回答したように記憶している。今でもなぜかわからない。ずっと意識していたわけでもないが、この仕事は自分しかいない。すぐに意志表示しようと決めた。迷いもなかった。

監督は、野球隊員の2次審査（実技）を担当しており、実技試験の状況をその場で聞かせてくれた。外国に行って野球を教えるためには、まず自分自身がプレーできることが大事。受験者には現役から離れて数年経っている人も多く、一緒にプレーするどころか、ノックや打撃投手さえ務めることが困難な人もいる。「君にその気があるなら実技は申し分ない。一般教養等の一次試験をパスできるようしっかり勉強しなさい。」と激励された。

この時、両親にはまだ相談していなかった。普通、相談ごとというのは、迷っているから助言を乞うものであるが、この時ばかりは、もう自分自身で結論を出していたので相談というより報告に近かった。両親も私の性格をよくわかっているので反対するとは思わなかったし、実際に尊重してくれた。ただ、後日、以前に田舎の政治家だった祖父から手紙が届き、地元選出の国会議員の所へ出向くことになった。その国会議員は協力隊のことをよく知る人だったので、話題にもこと欠かず、激励してくれた。後で聞いた話であるが、私の協力隊受験に大反対していた祖父は、その国会議員を使って故郷に帰るよう私を説得したかったらしいが、協力隊の活動に理解がある議員であることまでは知らず、この後逆に協力隊の活動をもう少し理解するよう促されることになったそうだ。青年海外協力隊に無事、合格した。「63年一次隊、野球（派遣国　コスタリカ）」と書かれていたのだと思う。3カ月間の国内訓練、その後、メキシコで6週間の語学研修を経て8月にコスタリカへ赴任した。なお、前任の先輩と同様に、後輩たちに自分の姿が凛々しく映るようスーツ姿で大学の恩師を訪ねることも忘れなかった。

異国の文化に触れた

海外での生活はおろかパスポートを取得したのも初めてだった。赴任した頃、ソウルオリンピックが行われていた。日本にいるなら日本人の活躍がすぐわかるはずなのに、コスタリカのテレビではまったくわからない。鈴木大地選手のように金メダルでも取れば、世界中でそのニュースを知ることができるのだろう。その年、人口３００万人のコスタリカ

大会会場で撮影（右端が筆者）

から初めてメダリストが生まれた。1人の選手が銀と銅、合わせて2個のメダルを獲得しコスタリカ中が歓喜に包まれた。

コスタリカのスポーツといえばサッカーである。当然、それは野球選手にもコーチにも共通する。ある時、日本で行われるジュニアの世界野球大会への参加が決まり、12歳以下のナショナルチームが結成された。私もコーチに指名された。遠征に備え、集中して練習を行っているときに印象的な出来事がいくつかあった。

三塁手が一塁手に向かって投げた送球が低く、ショートバウンドになりそうだった。我々が昔教わったのは、ベースにこだわらず送球の正面に入り腰を低く落として後ろに逃さないように受け止めることだった。しかし、11歳の少年は送球がバウンドするポイントにスパイクシューズのつま先を器用に当ててボールを浮かしてキャッチする離れ業をやってのけた。おそらく日本人にはできないし、誰も教えない。今度は、違う子が試みた。上手い。この国の子供たちにはこの技術があっていると思ったので、失敗した子にはもっとサッカー（足技）を上手くなろうと言った。

また、炎天下では、休憩を挟みながら練習するよう心掛けるのだが、これが休憩にならないのが面白い。「はい、10分間休憩」と声をかけると、1、2塁間の真ん中にゴール代わりのグラブを2個、3・本塁間の真ん中にも2個、即席のサッカーコートができ上がる。そして、「休憩やめ」と言うまでサッカーは続けられる。ちなみに軟式野球ボールがサッカーボール代わりになることもある。何のための休憩かと思いつつも、一緒に野球を教えている監督も参加しているのでコーチの自分も参加する。なんとも言えないひと時である。

国立大学の体育学部でソフトボールを教えたときの話である。学生のなかに身長2mのプロバスケットボール選手がいた。彼のベースランニングは独特だった。スピードを落とさず直角にターンしながらダイヤモンドを一周しホームまで走って帰ってくる。「各塁べースの手前で少し膨らんで、左肩を少し内側に傾けて…」なんてアドバイスは不要だった。

ある時、突然ナショナルチームのコーチに指名された。普段は、ナショナルリーグのクラブチームに選手登録し、試合に出場する傍ら、平日は大学、週末は地方からの要請に応じて各地を巡回していた。主に少年野球のチームをみていたのでこの指名は意外だったが、理由はすぐにわかった。最初の合同練習の冒頭で監督は選手に言った。日本語で直訳すると「この中国人は日本人です。来週、台湾のナショナルチームが遠征してきます。試合をするだけじゃなく交流もしたい。彼は言葉も文化もわかるのでメンバーに入ってもらった。」なんて紹介された。私は日本人で台湾の言葉も文化もまったく知らないが、「まあ、いいか」そう思いながら一緒に練習した。彼らにとって地球の裏側にあるアジアのことは、中国と言ってしまえばそれで済んでしまうし、日本はどこにあるかといえば中国のなかでも問題はないのである。日本人の思考に置き換えたとしても、よっぽど詳しい人でない限り地球の裏側のことはその程度の認識かもしれないと思った。

とても感心したこともあった。野球とは直接関係はないが、コスタリカの学生たちは寄付の集め方が上手だった。お祭り好きな国民性であることは言うまでもないが、学園祭、文化祭、クリスマスパーティーのような催し物が近づくと抽選券をたくさん買わされ、その分半券が渡される。集まったお金は運営費に充てられ、一部が賞品になり寄付した人のなかから抽選で当たるのだそうだ。大した賞品はなかったが、一応それ目当てに人は集まる。私も結構楽しませてもらった。

コスタリカでの活動のなかで悔いることもあった。1年半を過ぎたころ母校の大学野球部のコスタリカ遠征が企画された。大使館を通じて外務省の国際交流事業として支援を受けられることになったことが大きかったが、コスタリカ野球協会も隣国の野球強豪国ニカラグアからチームを招待するなどして協力してくれた。そのコスタリカ野球協会の努力で日本の某自動車メーカーとの協賛話がまとまりかけていた時、私の見識の狭さからこの話を逃してしまったことである。日本の学生野球では、冠大会への参加はおろか、ヘルメットにシールを貼ることさえできないと主張してしまったのだ。たったそれだけのことに固執してしまった自分が残念で仕方がなかった。今から考えれば、そんなことは聞いてみなければわからないし、たとえ無理と言われても誰にもわからない地球の裏側の話なのである。日本人の現地の方に言われて目が覚めた時には後の祭り。某自動車メーカーとのつながりは、コスタリカ野球協会の発展にもきっと役立っただろう。逃した魚は大きかった。

コスタリカ派遣中に二度日本に遠征した。ジュニアの世界大会を日本のある財団が企画したのである。15人の小学生を協会の代表者ともう1人の指導者と3人で引率することになった。2回目の時は監督として来日した。当時24歳、たくさんの苦労はあったが、何よりもうれしかったのは、子どもたちの保護者が自分を信頼してくれたこと。無事に帰国するまでは気が気でなかったが、地球の裏側からやってきた20歳そこそこの外国人に引率を任せ、自分の子どもを託して旅行させるということを逆に自分に当てはめてみると、今でも当時の自分に対する信頼感の大きさを実感し、感激がよみがえる。

日本を外から見た

任期が終わりに近づくと自分の後任隊員のことが気になる。情報が入り、自分が先輩の姿を見て協力隊を志したのと同じように、また同じ大学の野球部から2学年下の後輩が自分の後を目指していることがわかり少し安堵していた。日本を離れて時間が経つと、自分が今いるところが中心で、むしろ日本はその周りに位置している存在のように思えてくる。在留の日本人会の方々や同僚との会話にも、常に日本を外から見て捉えていることが顕著に現れる。日本にいるときは当たり前で気が付かなかったことも、疑問に思えて仕方がなかった。

たとえば、「世界地図」である。日本からもっていった世界地図をコスタリカ人に見せると必ず指摘されることがあった。「なぜ、陸じゃなくて海が地図の真ん中にあるのか。」このときに気付く。私たち日本人が子供の頃から見てきた世界地図は、ここでは標準ではなかったのだ。日本を中央に入れようとすると、どうしても太平洋が真ん中に来てしまい、彼らにとって海を中心にした不自然な地図になってしまうのである。この国でのカルチャーショックは大なり小なり多々あったが、私のなかで一番大きかったのは世界地図の認識だった。アメリカ大陸やヨーロッパを中心にすると、当然ながら日本は端のほうに行ってしまう。驚くのはその形状である。なんと形が変わってしまい、図法によっては「ようじ」のようになってしまう。さかさまの世界地図（南極が上）も見た。日本の位置を探すのにもひと苦労である。コスタリカ人が日本の位置をあまり理解できていないのもわかるような気がした。

帰国する直前（1990年6月）、コスタリカはサッカーのワールドカップに初めて出場した。人口約300万人の小さな国の代表が予選リーグで2勝し、決勝トーナメントにも進出してしまった。今でこそJリーグの誕生を契機にして日本人にもワールドカップの文化が浸透しているが、当時の私はワールドカップの存在こそわかっていたものの、国中を揺るがすほどのものとは認識していなかった。大統領が、試合の日は仕事をしなくてよいと国民に呼びかけたことには感心した。案の定、試合中は、レストランもデパートも銀行もみんな閉鎖してしまった。バスも車も街中から消えた。そして、勝利が決まったあとの騒ぎもまた面白かった。同僚隊員と恐る恐る町に出て歩き回ってみた。静けさがうそのようにクラクションが鳴らされ、どこから集まってきたのか町中に人が繰り出て道路をふさぎ、すれ違うすべての人と握手をして抱き合っていた。通りにある噴水の水を掛け合う人や2階から水を撒く人たちもいて、家に帰るとみんなびしょ濡れになっていた。この国に来て初めてワールドカップサッカーの文化を知ることができた。

日本野球連盟に勤める

2年間の任期を終えて帰国し、早速、大学の恩師を訪ねた。今後の進路をどうするか自分なりに考えていた。故郷に帰って教職を目指す意思を伝えた。その時、恩師から日本野球連盟の仕事の話を聞いた。国際野球連盟でも活躍し、日本国内でも野球の国際化へ向けて牽引していたのが、故山本英一郎氏（日本野球連盟元会長：当時副会長）である。私の恩師は、山本氏から「国際経験がある若者がいれば、ぜひ紹介してほしい」と頼まれていたのだった。将来、教職を目指すにせよ、「日本野球連盟の仕事を経験できる機会は二度とないだろう」と考えて、半分腰掛のつもりではあったがお世話になることにした。

子どもの頃から野球に夢中になっていたとはいえ、国内の組織のことはほとんどわからなかった。まずは、国内の野球界の組織を知ることから始まった。わからないことばかりだったので、言われた仕事をただそのままにこなす毎日が続いた。当時の上司は、某大手企業から出向で派遣されている社員で、特に法規に厳しかった。出張先にも規程集を携行し、その上司と一緒にアマチュア野球の組織と規程を研究した。

日本野球連盟は、社会人野球を統括する組織として1949年に日本社会人野球協会として発足した。野球競技のオリンピック正式種目化を受けて、当時日本体育協会下にあった日本オリンピック委員会（JOC）への加盟を視野に入れ、広く野球競技の普及振興を目的とする団体として、1985年に日本野球連盟に改称した。ただし、日本体育協会に加盟後、JOCが体協から独立したことと、1989年に日本を代表する国際的な窓口団体として日本学生野球協会とともに「全日本アマチュア野球連盟（全アマ）」を設立し、同時にJOCの加盟団体となったことからオリンピックに関わる業務は全アマに移った。

一方で、日本野球連盟は少年野球団体を加盟団体とし、文部省（現文部科学省）傘下の公益法人として認可されたこともあり、「財団法人　日本野球連盟」として、国内の野球振興事業に幅広く取り組むよう指導を受け、年々業務の範囲が広げられていくこととなる。

日本の野球界に尽くそう

日本野球連盟でアルバイトを始めて1年が経過する頃、あることに気が付く。日本野球連盟は、社会人野球選手の登録情報をすべて管理していた。私の主な業務は、１９４９年からすべてのデータが記されている台帳に最新の登録情報を手書きで転記することだった。私の上司は、将来を見据えてこの情報をすべて電子化することを考えていた。そのためには、規約に基づく事務処理作業すべてのシステム化が必須であり、1年かけて私が覚えたことをすべてエンジニアに託すというとてつもないプロジェクトが進められていた。

また、よく新聞記事で目にするプロアマ問題なるものも気になった。規程を読み返す内に、プロアマ規程というものは存在しないことがわかる。ただ、なぜ、誰もそこに気付かないのか不思議でしょうがなかった。他にも疑問はたくさんあった。そう考えている内に、自分に求められているのは、教職に就くことではないと感じ始めた。たぶん、一瞬で気持ちが変わったのではなく、徐々に、そして、少しずつ変わっていったのだと思う。あるとき、ふと考えてみたとき、教職に就くよりももっと大事な役割を担っていることを自覚する。このまま、野球界に尽くそう。そう強く決心した。

プロアマ問題とプロ野球に対する差別感

野球におけるプロアマ問題について語るとき、まず、原点として取り沙汰されるのは「柳川事件」である。ただし、一般的な理解と事実とでは、その解釈に相違があると感じていた。なぜならば、いわゆる「野球評論家」と称する方々が十分な情報がないままに解説し、それを取り上げるメディアにも情報が不足していたため訂正されることなくそのまま報道され、時間が経過してしまったものと思われる。このような現実を目の当たりにして、正しい情報を公にしていくこともわれわれの重要な仕事だと認識するようになっていった。ちなみに、この件について言えば、ベースボールマガジン社により、事実が調査され記事になった。そしてその内容は、今も日本野球連盟公式サイトで紹介されている。

日本のアマチュア野球界では、プロに籍を置いただけで差別されるという不思議な伝統が確立されていると私は感じていた。何も悪いことはしていないのに、同じ催しに参加することや挨拶さえも制限されることがある。同じ野球人でありながら、共に野球をすることや次の世代に野球の技術を伝えることさえ咎められる現実に異を唱える人は少なかった。プロになるための資格ならよくわかるが、プロでなくなった人にアマチュア資格を求めることが協力隊帰りの私には、理解し難かった。コスタリカにも、元プロ（マイナー）野球選手はいた。私が知り合った頃はもうプロではなかったし、むしろアマチュアとして活動しているとした方が適当であった。野球を楽しみ、時には子どもたちにも手解きをしていた。多くの人は彼に対し尊敬の念をもっていたように思う。このような観点から、日本でもプロ選手がプロでなくなった瞬間からアマチュアと考えることが自然であると私は思うし、たとえプロ野球に籍があるとしても規制などせず一社会人として普通に接すればよいと考える。

日本野球連盟では、1990年代に入り特例としてではあるが、プロ選手の受け入れが徐々に進められていった。そして2002年には、設立当初から盛り込まれてきたプロ関係者を分け隔てている基本条項が完全に削除された。このとき、社会人野球とプロ野球の壁はなくなった。

都市対抗との出会い

真夏の球宴とも称される都市対抗野球大会は、社会人野球を象徴している。実は大学の野球部に籍を置きながらも、社会人野球のことをあまり知らなかった。将来、長く携わることになるこの都市対抗野球大会を初めて見たのもそんなに昔のことではなかった。コスタリカの子どもたちを引率して日本に来たとき、ホームステイ先の方に東京ドームに連れて来られたのが最初だった。外野スタンドに座って観戦したが、とにかく驚いた記憶がある。たまたま、大学野球部の先輩と同級生がレフトとライトを守っていたことと、両チームの内野スタンドでは見たこともない華やかな応援が繰り広げられていたことが今も印象に残っている。

社会人野球が目指すもの

社会人野球では1990年代の不況の影響もあり、名門チームも含め企業チームの休廃部が相次いだ。そんななかでも都市対抗だけは華やかさを失うことなく、次の世代に引き継がれた。2002年には27万人にまで落ち込んだ有料入場者数も、2009年には52万人にまで回復した。業務上、社会人野球を支えている企業関係者との懇談の機会は多い。私は、社会人野球の理念とは何かということを常に考えるようにしている。

社会人野球には、企業が設立する会社登録チームとさまざまな形態で運営されているクラブチームが存在する。どちらにも共通する理念がある。それは「単に野球を楽しむだけでなく、社会へ貢献できる存在であること」だと私は思う。また、会社登録チームの場合には、まずはその企業のシンボルとして強いチームでなければならないことを前置きした上で、プロ野球選手を育てるためにあるのではなく、あくまで企業に貢献すること、端的に言えば、優秀な社員の育成という少し内向きな要素が加わっている。つまり、社会人として生きていくなら、野球選手であっても一社員として業務に就き、たとえ半人前でも社業をこなすことは当然であり、野球部を離れた後も会社に組み込まれる人材として期待されることは言うまでもない。また、それでもプロ野球選手を目指すという目標を掲げるのなら、その企業から与えられる環境のなかで、さらに高い意識をもって野球に打ち込むことを意味するのだと思う。若く将来性のある選手たちには、社会人野球の企業に籍を置くという意味をしっかり認識してほしいと思っている。

一方で2005年に萩本欽一さんが野球界に登場して以来、クラブチームの増加に拍車がかかっている。日本の野球人口を語るときは、高校野球の登録者数を基本として話をすることが多い。高校野球には約16万人の選手がいる。単純計算で毎年5万人強が卒業することから、それが社会人野球の潜在人口であるとみている。会社登録チームとしての受け皿が小さくなったことから、それを補うクラブチームの存在に対する期待は大きい。実は、連盟発足当時から現在まで、会社とクラブを合わせたチーム数はあまり変わっていない。ただし、会社登録チーム数の減少はアマチュアトップレベルの選手を支える環境が狭くなっていることを意味しており、危機感をもっている。そんな意味でクラブチームに期待することは、競技者数拡大のための単なる受け皿ではなく、運営面を統括するGMを置くなどして組織力の向上を図り、トップレベルの選手を輩出できるような環境をつくっていくことである。

最後に

日本野球連盟に勤務して以来、19年目を迎えた2009年3月、事務局長を命ぜられた。野球を通して、夢のある未来と多くの人々の笑顔をつくっていくため、一層の努力と向上心が必要であると思っている。

また、スポーツを志す若者たちに伝えたいことがある。まずは、そのスポーツを楽しみ、長く続けること。そして、スポーツを通じた地域貢献や国際貢献の道があることを知って、ぜひ、参加してほしい。きっと、新しい道や生き方が見えてくるのではないかと思う。

最後に、青年海外協力隊に送り出してくれた両親、自分を鍛えてくれた中学、高校、大学野球部時代の監督、コーチ、日本野球連盟の職員となってから叱咤激励していただいた方々、そして、たくさんの仲間たちにこの場を借りて感謝したい。

青年海外協力隊員としての2年間は、私に日本を外から見る機会を与えてくれた。本当に貴重な時間だった。


崎坂徳明　熊本県荒尾市生まれ。

中学、高校、大学とも野球部に所属。卒業後、青年海外協力隊に参加し、野球隊員としてコスタリカ共和国に派遣される。同国文化青年スポーツ省に配属され、2年間、国内における野球競技の普及活動に従事する。

帰国後、1991年3月より財団法人日本野球連盟事務局に勤務、野球競技の国内外への普及振興活動に努める。2009年3月より、事務局長に就任、現在に至る。

第9章　世界を舞台に、志を高くして！

日本を飛び出しホンジュラスへ

大学在学中に協力隊アフリカOBである卒業生から話を聞く機会があった。日本とはまったく違う価値観、思いもよらないエピソードなど、わくわくする話に夢中になった。植物病理を専攻していたものの専門性を活かせる就職先が日本では見つからなかった時、自分にも何かできるのではないかとの期待とともに、少しだけ勇気を出して青年海外協力隊に参加した。これがきっかけとなり、以後の15年間を中米で過ごすこととなった。

「中央アメリカのニカラグアとホンジュラスの国境地帯で紛争激化。米国がコントラ（ニカラグア反政府ゲリラ）支援のため軍隊2、000名をホンジュラスに派遣。」　1988年7月、青年海外協力隊員として赴任直前にテレビから流れてきたニュースだった。「協力隊事務局から出発延期の連絡はないから大丈夫。」と心配する両親に説明しつつ、私は、青年海外協力隊63年度1次隊として中央アメリカのホンジュラス共和国に赴任した。

ホンジュラス共和国は、中央アメリカに位置する小国で、国土は日本の約3分の1、人口は約740万人、国民1人当たりのGDPは1、213ドル（日本の約28分の1）と、ニカラグアと共に中米でも最も貧しい国の1つである。そして、私の赴任先はインティブカ県ラ・エスペランサ市にある天然資源省管轄、ラ・エスペランサ農業普及プロジェクトであった。この地域は標高が約1、700mと高いことから、1年を通し冷涼な気候で、トウモロコシや黒小豆等の伝統的作物に加えジャガイモが栽培されていた。その当時、この村の生活水準はとても低く、現金収入の道を開く新しい作物の導入が課題となっていた。そのため、換金性の高い非伝統的作物の研究と普及を目的に、1983年よりこの農業普及プロジェクトが開始された。同プロジェクトには、野菜、果樹、作物、食用きのこ、花卉、植物病理、害虫防除、食品加工、市場調査の9部門があり、私は、植物病理部門に配属された。

協力隊の活動は技術移転と人材育成が目的であり、技術を移転する、または共に活動する相手国の関係者（カウンターパート）との共同活動が前提となっている。しかし、着任当初はカウンターパートはおらず、実験機材も予算もなく、圃場での研究を中心にしての活動だった。前任者が課題として取り組んでいた「ジャガイモ疫病と気象との関係についての研究」の継続と「普及候補作物アスパラガスの8品種の病害に対する抵抗性に関する調査」を実施し、その結果をホンジュラスで開催された中南米農業者大会で発表した。

その次の段階として、現場のニーズに即した課題に取り組むことにした。当時、野菜部門では、アスパラガス、イチゴ、エンドウ、大根、ニンジン、白菜等が、作物部門では小麦とソバ、果樹部門ではリンゴ、梨、ブドウが、花卉部門ではカーネーションが試験栽培されていた。プロジェクトが開始されて5年が経過していたが、それぞれの植物に発生する病気についての体系的な調査はなされておらず、情報もほとんどなく、病名や病原菌が何なのか曖昧なまま、その場にある農薬が使用されているという状況だった。

何から始めるか? 何がこのプロジェクトに本当に必要なのか? 考えに考えた末、現場レベルで参考にできる「病気の診断ガイド」を作ることに決めた。肝心の病気の診断に関しては、それほど多くの経験をもっていたわけではない。とにかく、実験室に運ばれてくるサンプルや農場で見つけた病気を手当たり次第に診断していった。日本から持参した植物病害に関する図鑑や辞典、現地で入手した英文の資料、糸状菌同定マニュアル等を参考に、植物の病徴などから病気の種類を絞りこみ、さらに顕微鏡で病斑部から発生している胞子や菌糸の特徴を観察することで病原菌の同定をしていくという作業を繰り返した。

データはあっという間にたまっていったが、その情報をまとめる作業は困難を極めた。日本語で作成した文章をスペイン語に翻訳し、カウンターパートに添削してもらったものを、ワープロに打ちこんでいった。カウンターパートの忍耐強い協力にも支えられ、任期終了間際にこの診断ガイドを完成させることができた。数年後、カウンターパートから診断ガイドが現場で役に立っていると聞いたとき、頑張って作成したかいがあったと、本当に嬉しかった。

任期中、スペイン語力を向上させようと、夜間の小学校に聴講生として通ったことがあった。農作業の手伝いのため夜間にしか勉強できない子供たちが多く、山から2、3時間の道のりを懐中電灯の灯りを頼りに通ってきていた。何不自由なく小学校教育を当たり前のように受けてきた自分の幸運を改めて感じ、それと同時に、農業だけが生きる糧のこの土地の人たちが、少しでも貧困から抜け出すために役立つ活動をしたいと自分の気持ちを引き締めた。

また、今でも心に残っている思い出は、ホストファミリーと一緒に庭先で栽培されたコーヒー豆を収穫・焙煎し、砂糖をたっぷり入れて煮出したコーヒーを、かまどの火にあたりながら飲んだ時のことだ。日本とはまったく違う時間のゆったりした流れが心地よく、たわいもない話をするひと時にどれほど心を癒されたことだろう。閉鎖的で変化の乏しい村での生活も、私にとっては心休まる楽しい日々だった。協力隊員としてこの国に技術支援をする以上に、人間としての「絆」を大切にするファミリーに心の援助を頂いた気がする。遠くの日本を恋しく思う時、いつもファミリーが私の傍にいてくれ私の心を包み、和ませてくれた。人と人との心のつながりが、いつも自分に活力を与えてくれていた。

知識も経験も浅く、語学的ハンディーを抱える技術者としての2年間。自分なりに精一杯やり通した達成感はあったが、同時に、もっと実力があれば、現地の必要性により多く応えることができたのではないかとも考えた。この時、自分のなかではっきりしていたのは、中南米に残りもっと熱帯農業について知りたい、病気から植物を守る研究を続けたいという強い思いだった。

次なる道はCATIE

任期終了を目前に控え、中南米の熱帯農業における作物保護の研究では、コスタリカのCATIEという国際機関が最も進んでおり、総合的病害虫管理プログラムの修士課程もあるという情報を得た私は、早速、テグシガルパ（ホンデュラスの首都）にあるCATIE

地方事務所を訪ねた。すでに入学試験は終わっていたが、無理を承知でお願いし、特別に受験の許しを得た。あの時、常識的に判断して諦めていれば、合格の通知を受け取ることはなかっただろう。数少ないチャンスに少しでも可能性があるならチャレンジしてみるという、協力隊で学んだことが役に立った。

私の入学したCATIE（熱帯農業研究研修センター：Centro Agronómico Tropical de Investigación y Enseñanza）は、中南米諸国の熱帯農業、森林経営、環境保全についての研究、普及そして教育を行うため1973年に設立された国際機関である。これには、中南米14カ国が加盟し、それら諸国の農業・環境大臣らが顧問となっている諮問機関により運営されている。

このなかに、私の所属した総合的病害虫管理プログラム（IPM：Integrated Pest Management）がある。このプログラムは、化学農薬だけに依存せず、耕種的、生物的、化学的、物理的防除法を組み合わせ、病害虫の密度を経済的被害の生じるレベル以下に抑制する技術の研究と普及を行う組織である。農薬による防除手段が最も一般的であった当時、このIPMのコンセプトは非常に注目され、同プログラムはラテンアメリカ熱帯農業における研究をリードしていた。

ＣＡＴＩＥに入学した時、この選択は語学力と資金力の双方から見て、無謀な賭けであったことに気がついた。授業で使われるスペイン語のレベルの高さに何度もくじけそうになった。入学当初60名いた同期生が、1年終了時には45名に減るほど授業の内容も厳しく、常に、片足を日本行きの飛行機に乗せているようなプレッシャーを感じていた。それでも、多くの友人たちの支援のおかげで無事に乗り切ることができた。協力隊派遣期間中に支払われる国内積立金で1年分の授業料は賄えたが、2年目以降の経済的目途は立っていなかった。あちらこちらを奔走し、ＩＰＭプログラムの方針に沿った研究を行うという条件で、実験にかかる費用を同ＩＰＭプログラムにすべて負担してもらえることになった。また、イギリス政府プロジェクトの作業を手伝うアルバイトも見つかった。良いことは重なるもので、所属機関からの支援を得ることができたことと1年目の成績が考慮され、2年目の授業料が免除されることにもなった。「これで、お金を気にせず研究に打ち込める」と、心から感謝した。

研究を通じて触れた自然の摂理

私の指導教官であったエルキン博士と協議を重ねて決めた研究テーマは、「トマト輪紋病菌を抑制する拮抗細菌および葉面散布剤の効果に関する研究」であった。熱帯地域におけるトマト栽培で一番の大きな問題となっていたのが、病原菌 *Alternaria solani* によるトマト輪紋病で、高濃度の農薬散布でも防除が困難であることから、化学農薬に代わる代替手法の開発が緊急の課題となっていた。

この研究を通じて、自然界の仕組みの精妙さを実感した。顕微鏡でしか見えない微小な世界に植物に病気を起こす病原菌が存在する一方、その病原菌に寄生する微生物、抗菌物質を生産し病原菌の増殖を抑える微生物、さらに、病原菌を抑えるだけでなく、植物の成長を促進する微生物までが多様に存在しているのである。また、これらの有用な微生物が活躍できる環境を人為的に整えてやることで、農薬の使用を削減することが可能であるということが明らかとなった。ここでの研究結果は、IPMについてラテンアメリカでは最も知られた雑誌「Manejo Integrado de Plagas（総合的病害虫管理）」に2報掲載するに至り、CATIEの修士コースを無事に修了した。

その後、エルキン教授から、IPMプログラムに研究員として残ってはどうかとの誘いをうけた。バイオコントロールの研究をさらに続けたいと考えていた私には、願ってもないことであった。自分の希望する就職先を得ることができた喜びと共に、協力隊時代から抱えていたハードルを1つだけ越えられたような気がした。

有機農業に傾倒

CATIEの研究員時代、友人からアルファロ・ルイス地区で無農薬野菜を栽培しているというニュースを見たので行ってみようと誘われたことがあった。早速訪ねてみると、自家製造のボカシ肥料（発酵肥料）や木酢液を使い、レタス、キャベツ、ブロッコリー、ニンジン等、数種類の高原野菜を無農薬で生産している農場があった。グループの代表であるヘンリー・ゲレロ氏に話を聞くと、佐々木正吾協力隊員（当時、コスタリカ国シニア隊員）の指導の下で、数年前から有機栽培に取り組み始めたとのこと。以前、農薬や化学肥料を使っていた頃は病害虫の発生を抑えきれず、農業資材の費用も重くのしかかり、農場経営は破綻寸前であったそうだ。その危機を、有機農業が救ってくれたということであった。

この視察の話に興味をもったエルキン教授と共にこの農場を再訪した折、CATIEでもボカシ肥料の研究をしてみようということになった。驚いたのは、このボカシ肥料をつかって圃場試験をした時のこと。ボカシ肥料無施用区のトマトの根は、根こぶ線虫に加害されて途中で枯死したが、ボカシ肥料施用区は、根こぶ線虫の被害も無くすくすくと健康に育っていた。観察のために土を掘り返すと、きれいな根に細根がよく発達し、土は団粒化され、ミミズも多く観察された。これまでのさまざまな研究から、農薬を微生物に置き換えただけの対処療法的な防除法では植物の病気の蔓延を防ぐことは困難であることを実感していたので、土作りの大切さを改めて認識した。そしてこれが、微生物を活用した有機農業を志すきっかけとなった。このときの実験結果は、1994年にコスタリカで開催された国際IPM学会で、「ボカシ肥料によるトマト根こぶ線虫の抑制に関する研究」として発表した。これは、ラテンアメリカでは初めての、ボカシ肥料による病害虫防除に関する研究発表となった。

アルファロ・ルイス地区への視察とぼかし肥料作りが縁で、その後も佐々木氏と話をする機会に恵まれた。日本では土壌の肥料分析を仕事としていた彼は、コスタリカに来て初めて農家と一緒に有機農業を試みたとのことであった。農家との試行錯誤の末、適正技術の開発に至り、彼らの努力によりこの技術が定着し成功に結びついたとのことであった。困難を乗り越えたすばらしい活動にとても感動した。自分の研究が研究で終わるのではなく、彼のように誰かの役に立つ活動がしたいと強く感じた瞬間でもあった。

EM技術と共に再びコスタリカへ―比嘉教授との出会い―

1993年、その後の進路を変えるきっかけとなった1冊の本と出合った。その本のタイトルは『地球を救う大変革』。琉球大学農学部の比嘉照夫教授（現在、琉球大学名誉教授、沖縄名桜大学教授、EM技術研究所所長）が書いた本だ。乳酸菌、酵母、光合成細菌などの有用微生物を複合培養した微生物資材EM（Effective Microorganisms）を活用することにより、食糧、環境、医療、資源エネルギー問題を解決することができるという内容は、自分がこれまでの研究で扱ってきた類似の微生物たちに、そんな大きな可能性があるのかという驚きであった。また、比嘉教授の大きな発想と志に心を動かされ、ラテンアメリカでも試してみたいとの思いから、すぐに比嘉教授あてに手紙を出した。

2年の後、比嘉教授がコスタリカ大学で講演を行うことになり、お会いした。その際に、比嘉教授からの「コスタリカを拠点にラテンアメリカにEM技術の普及を始めたいが、一緒にやってみないか」という言葉で、迷わず次に進む道を決めた。ラテンアメリカでの有機農業の発展に貢献でき、さらに、多くの開発途上国が抱える環境問題の解決に役立つ仕事がしたいと、1997年にEM研究機構に入社し、2000年1月にEARTH（アース）大学（熱帯湿潤農業大学）の客員教授として再びコスタリカの地を踏むことになった。

ＥＡＲＴＨ大学での活動

コスタリカ共和国は、人口４３０万人、九州と四国を合わせたくらいの小さな国である。軍隊を常備しない平和な国として、また、生物多様性に富んだ豊かな生態系と国土の24％を国立公園とするほど自然保護に力を入れている国としても、よく知られている。しかし、一方では、基幹産業である農業、特に、バナナやパイナップル等の大規模栽培における農薬の使用による環境汚染、コーヒーやサトウキビ精製工場から排出される廃棄物による河川水質汚染等が大きな問題となっていた。

そのような状況下、１９９１年に、企業家精神をもつ一流のアグリビジネスマンかつ地域リーダーを育成し、熱帯地域の持続的開発に貢献することと、持続的農業と環境保全に寄与する技術の研究・普及を行うことを理念に掲げ、ＥＡＲＴＨ大学は創立された。

ＥＡＲＴＨ大学とＥＭ技術の関わりは、同大学の熱帯作物学教授のパンフィロ・タボラ博士がＩＦＯＡＭ（国際有機農業会議）において、比嘉教授のＥＭ技術に関する研究発表を聞き、共感を覚えたことから始まった。タボラ博士の呼びかけで、１９９６年に比嘉教授がＥＡＲＴＨ大学を訪問し、同大学とＥＭ研究機構との間で「ＥＭによる有機農業、環境保全技術の開発及び人材育成について」の協力合意書が交わされた。

私が赴任した時には、前任者である新谷氏（協力隊OB）やタボラ博士の尽力により、「バナナの収穫残渣を利用したボカシ肥料の生産」や「ハエと悪臭の問題のない畜産糞の堆肥化」が成功し、EM技術は認知されていたので、スムーズに業務を始めることができた。限られた任期であることから、自分の任期が終了した後もできるだけ多くの教授たちが自主的に研究や普及を継続してくれるよう、卒業論文、大学内外の研究プロジェクト等あらゆる機会を利用し、共同作業という形を心がけた。その甲斐あって、さまざまな学習カリキュラムにEM技術が取り入れられるようになった。私の受けもった2年生対象の持続的農業実習だけでなく、廃棄物処理実習、畜産実習においても全生徒が実践を通じそれぞれの分野におけるEMの基礎から応用までを学んだ。さらにEM技術を深く勉強したい4年生に対しては有機園芸学、廃棄物処理学、持続的畜産学などのコースも開講された。

さらに、EARTH大学は、3，300haの広大な敷地内に商業用バナナプランテーション300haを所有している世界で唯一の大学でもある。一般的に商業用バナナ栽培は、農薬を多用する慣行農法の代表例だが、EARTH大学ではその創立理念に基づき減化学肥料、減農薬に取り組んでいる。バナナ収穫残渣がEMにより短期間で良質なボカシ肥料に変わる技術が開発され、その施用が土壌の団粒化を促進し、根を加害する有害線虫を抑制することが研究等によって明らかになると、ボカシ肥料はバナナ農場全体で利用されるようになった。また、これ以降、除草剤、殺線虫剤の使用も中止することとなった。これまでのさまざまな試験研究から、EMの葉面散布を行うことにより、病気の発生を抑制することが可能なことがわかり、EARTH大学では減農薬化に成功し、現在では、オーガニック商品の取扱いではアメリカ最大手であるホールフーズマーケットに「EARTH」ブランドで販売され、全米中に流通している。さらに、減農薬から無農薬へと改善をするため、現在も試験研究が進められている。

中南米各国では、EARTH大学卒業生で運営される卒業生協会をEM普及の基地としている。当時、EM研究機構コスタリカ支店の担当であった西川氏（協力隊OB）と、中南米を巡回しながら普及を行った。現在では、メキシコ、グアテマラ、ベリーズ、エルサルバドル、ホンジュラス、ニカラグア、パナマ、コロンビア、エクアドル、ペルー、ボリビア、ブラジルにEMが導入されており、卒業生たちが中心となり精力的に活動を展開している。

コスタリカ有機農業の発展のために

2001年に高原野菜の主産地であるアラフェラ県アルファロ・ルイス地区にあるコー

ペブリサ農協が、米州開発銀行（ＩＤＢ：Inter-American Development Bank）から融資を得て、有機農業の普及プロジェクトを開始することとなった。その際、現地の普及担当者に前述したヘンリー・ゲレロ氏が抜擢され、ヘンリー氏の推薦により、私が技術アドバイザーとなった。

この地区には、ヘンリー氏がリーダーを務める、アルファロ・ルイス有機生産者組合（ＡＰＯＤＡＲ：Asociación de Productores Orgánicos de Alfaro Ruiz）があるが、当時、有機農業を行っていたのはこの組合員約20軒だけで、周辺の小規模農家へは技術が普及していなかった。その理由は、肥料の原料確保が個人では大変であること、製造施設がないこと、製造に時間と手間がかかること、健全な野菜苗を作る施設や技術をもっていないことにあった。高品質の有機質肥料と健康な苗の提供が、同地域への持続的農業の普及の鍵になるということで、ボカシ肥料製造工場と野菜苗生産用ハウスの設立と運営が、このプロジェクトの核となった。ヘンリー氏と私は、ボカシ肥料工場の設立と有機質肥料の品質の向上に関するアドバイス、有機野菜苗作りにおけるアドバイス、周辺農家へのボカシ肥料の普及、現場での病害虫対策指導、持続的農業を啓蒙するためのワークショップやセミナー等を実行していった。

有機農家たちは、生産コストが下がっていると感じていたが、その裏づけとなるデータはなかった。そこで、ＥＡＲＴＨ大学の4年生とともに、現地における病害虫対策に関する研究や有機農法の経済的優位性についての資料の作成を行った。学生と一緒に定期的に同地区を訪問しては、データを収集し分析を重ねた。レタス一作についての結果であるが、有機農法の方が慣行農法に比べて１ha当たりの生産コストが46%も低く、収益から費用を差し引いた純利益では、有機農法の方が70%も高くなっていた。これらのデータは、有機農業によって生産性を維持したままコストを下げ利益率を上げることができることを示し、普及を進めるのに非常に役立った。

２００２年のボカシ肥料製造当初、利用農家は25名程度であったが、２００４年時では２００名、この地区の約45%にあたる農家が使用するようになった。また、ボカシ肥料で育苗された野菜苗は、定植後の生育が断然よく、病害虫に対しても強いと農家の間で評判となり、需要に供給が追いつかないほどの人気となった。このプロジェクトは、ＩＤＢの有償支援プログラムのなかでも最も成功した例としてあげられ、さまざまな形で宣伝された。多くの農家やＥＡＲＴＨ大学の学生はもちろんのこと、国内外の農業研究者までもが視察に訪れている。

2007年12月、コスタリカのヘンリー氏やAPODARの友人たちを訪ねた。現在では、アルファロ・ルイス地区の全農家が、土壌改良や病害虫の対策としてボカシ肥料を利用するようになっていた。また、出荷場には有機野菜直売所が併設され、プロジェクトが順調に発展している様子が伺えた。皆の希望に満ちた輝く笑顔に再会し、農業技術者として、自分が携わってきた農家が着実に前進していることに喜びを感じるとともに、その進歩の過程に自分が積極的に関われたこと、彼らが自分の能力を活かしてくれたことに対して改めて感謝の念を感じた。

熱き思いは決して絶やさず

15年間の経験のなかで、時に自分の能力の限界を感じ、時に人間関係に悩み、仕事に行き詰まったときには大きく落ち込むこともあった。これまでの道のりは決して順風満帆とは言えず、試行錯誤し自問自答しながら、ここまでたどり着いたというのが正直な実感だ。それでも、これまでの人生を振り返ると、すべてのことは自分の成長にとって必要な糧であったと思える。

これまでの経験から培ったものは、どんな困難な状況下にあろうと「決してあきらめない」という覚悟と、「必ず解決する方法は見つかる」という確信だ。また、どんな仕事も人と人とのつながりによって成り立ち、その人の心を動かす必要があるということを学んだ。相手の心を動かすためには、こちらの熱意を伝えねばならず、その熱意を生み出す源が、「志」や「使命感」であり、「人の役に立ちたい」という思いである。「志の高さと使命感のレベルで、湧いてくる知恵に大差があり、成功するまでやり続ければ失敗はない」とは、私の恩師である比嘉教授が日頃語っている言葉であり、私はこの言葉を常に念頭に置き実践している。

現在、EM研究機構の子会社であるEMROUSA社の現地責任者として、アリゾナ州ツーソン市に赴任している。アメリカ国内においては、微生物資材に対する認知度が低いこと、微生物＝病原菌という考えが一般化していることから、まだまだ苦戦を強いられている状況である。しかし、何事に対しても常に前向きに捉え、自分がわくわくするようなストーリーを描きながら、アメリカ合衆国という大きな舞台で自分の理想を追求してみたい。志を高く、常にチャレンジ精神である。

最後に、いつも私に前向きに生きる力と勇気を与えてくれる妻と子供たち。そして、惜しみない支援をしてくれる両親と義父母に感謝している。

その後の活動について

5年間のアメリカ勤務を経て、2010年4月より沖縄の本社に異動となった。

その直後、宮崎県で口蹄疫が発生し、最終的に約30万頭の牛や豚等の家畜が殺処分され、畜産農家に甚大な被害を及ぼした。殺処分された家畜の埋却地からは臭気が発生し、それを危惧した山田正彦元農林水産大臣(当時、農林水産副大臣、口蹄疫対策本部長)より比嘉教授に相談があった。同教授より依頼を受けたEM研究機構は、直ちにEMボランティアを現地に派遣することを決めた。私は現場責任者として5月27日に宮崎県入りし、新富町役場の職員と「臭気対策プロジェクト」を開始した。重機やトラックが行き交う埋却現場での作業は危険が伴い常に緊張を強いられたが、役場職員や自衛隊員と共にEM活性液を散布し続けた。6月30日に埋却作業は終了したが、EM活性液を使用した埋却地からの臭気の発生はなく、当初の目的は達成された。農林水産省、県および地方自治体職員、自衛隊員、獣医師、農家らの努力により口蹄疫は終息に至ったが、ボランティアとして微力ながら貢献できたことは、貴重な経験となった。

その翌年3月11日、東日本大震災と津波、それに伴う福島第一原子力発電所の事故が起こり、「放射能汚染対策研究プロジェクト」の責任者として福島に赴いた。

放射能汚染に対するEMの研究は、チェルノブイリ原発事故で被害を受けたベラルーシ共和国の国立放射線生物学研究所と共同で1996年より始まっていた。諸々の事情により中断されていた共同研究は、この福島第一原発事故をきっかけに2012年に再開された。私は年に2回ベラルーシ共和国を訪問し、EMによる放射性物質の農作物への移行抑制について、放射性物質の低減化について、さらに、放射線による外部・内部被ばくに対するEMの保護効果（動物実験）についての研究を進めている。ベラルーシ共和国での研究成果を福島での調査や研究に還元することで、少しずつではあるが福島の農業や畜産現場でEMが活用され始めている。福島の復旧・復興のためには放射能汚染対策が大きな課題となっているが、微生物のもつ可能性を引き出すことにより、解決することができると信じている。

「あきらめなければ解決方法は必ず見つかる」「志の高さと使命感のレベルで湧いてくる知恵に大差があり、成功するまでやり続ければ失敗はない」という覚悟で常に臨んでいる。

奥本秀一　岩手県釜石市生まれ。

博士（工学）、樹木医。

山口大学農学部を卒業後、青年海外協力隊員として中米ホンジュラス共和国に赴任。任期満了後、中米コスタリカ共和国のＣＡＴＩＥ（熱帯農業研究教育センター）にて修士号を取得。同センターにて有用微生物を利用した生物防除と有機農法の研究に従事する。その後、青年海外協力隊シニア隊員としてコスタリカ大学農学部の有機農業研究・普及プロジェクトにリーダーとして参加、代替技術の開発と普及に努める。

帰国後、ＥＭ研究機構に入社。同社よりコスタリカ共和国のＥＡＲＴＨ（熱帯湿潤農業大学）に客員教授として赴任し、同大学を拠点にＥＭ（有用微生物群）技術のラテンアメリカへの普及を行う。同時期、日本大学大学院にて博士号を取得。その後、アメリカ合衆国のＥＭＲＯＵＳＡ（ＥＭ研究機構子会社）に赴任し、現地責任者として経営と製造に携わる。

２０１０年より研究部長として研究・開発業務に従事。２０１１年5月より、放射能汚染対策研究プロジェクトの責任者として福島県に赴任、現在に至る。

第10章　周縁をみる眼

プロローグ――ネパールからの電話――

冬のある夜、遅い時間に自宅の電話が鳴った。時計を見ると夜10時ちょうどだった。受話器を取ると交換手らしい女性が英語でネパールからの電話だと告げた。しばらく間をおいて、ネパール語で男性のやさしい声が聞こえてきた。

「サール、ナマスカール！」。

しかし、聞き覚えのあるハズの声なのにすぐに思いだせない。慌てて頭をネパール語モードに切り替え、「コ・ボレコ？（誰だっけ？）」と聞き返す。すると、「オレだよ、リル・バハドゥールだよ。マルファ村の農場でいっしょに仕事してた。」「…。」一瞬の間をおいて「おぉー、リル・バハドゥール（さん）か！　ナマステ！　すごい久しぶりだね。ビックリしたよ！」　私の記憶はいっきによみがえり、彼の柔和な顔立ちと、いっしょに

リル・バハドールさんの家族と撮影

過ごした日々が頭のなかを駆けめぐった。「最近の様子は?」と聞かれ、錆びついてしまったネパール語をじれったく思いながらも、数年前に結婚したこと、そしていま幼い子どもが2人いることを彼に伝えた。「で、そっちはどうなの? 家族のみんなは元気にしているの?」 今度は私が聞き返す番だ。彼には4人の愛娘と5人目にしてようやく産まれた待望の長男がいた。子どもたちがどのように成長したのか、そして彼に輪をかけてやさしい奥さんの様子をこれから聴こうとした。ところがそれを遮るように、彼は話し始めた。「ところで、次はいつネパールへ会いに来てくれるんだい?」「…。」 答えに困った。「えっ、えっと…、今はちょっとネパールへ行く予定はないけど…」　その次の言葉を探し、続けようとした矢先、ネパールからの電話は突然切れてしまった。

思えばネパールで青年海外協力隊隊員としての活動を終えて15年たっていた。その後幾度かネパールを訪問したが、彼と最後に会ったのは、数えてみるともう12年も前のことだった。

彼はこの最後の問いにたいする返事を聞きたいがために、はるばるネパールから電話をかけてきたのだろう。懐かしい彼の声を聴き、こみあがる想いと高まった気持ちのやり場を失った私は、しばらく呆然としていたのだった。

協力隊との出会い

私は、平成4年7月から平成6年11月までのおよそ2年4カ月間、協力隊用語で言うところの平成4年度1次隊・食用作物隊員としてネパール王国で活動した。

青年海外協力隊のことを身近なものとして知ったのは、大学生になってからだった。協力隊へ参加するきっかけや動機は百人百様であるが、私の場合、ネパールとの出会いの方が先だった。それは、現在、信州大学農学部名誉教授でソバ研究の第一人者であり、私の恩師でもある氏原暉男先生との出会いがきっかけだった。

信州大学農学部に在籍していた私は、氏原先生の講義「育種学」を受講していた。当時、先生はネパールでの学術調査を頻繁に行っていて休講が多かった。作物の品種改良に関する理論と技術について学ぶその講義で、先生がどのような講義をされていたかは、正直、ほとんど記憶がない。しかし休講明けの講義には、真っ黒に日焼けをした先生が、ネパールで撮ってきた現像が終わったばかりのスライドを見せてくれたことだけは、鮮明に覚えている。雪をかぶった7千m級のヒマラヤの山々が間近に迫る山道で、先生がネパールの帽子をかぶって馬に乗っている。ピンク色に染まった畑が実は標高3千6百mの高地に咲くソバの花だった。舗装されていない滑走路の脇に止まっている小さなプロペラ機…。そこには、今まで見たことのない異空間が映し出されていた。さまざまなスライドを見せながら先生は、ネパールでの調査の様子を語ってくれた。私は、初めて見る光景と話に引き込まれ、脳裏に強烈に焼き付いて離れなかった。

スライドのなかの世界だけだったネパールを訪れる機会は意外に早くやってきた。大学4年生になる春休みに卒業する先輩たちがネパールへ卒業旅行に行くというので、いっしょに連れて行ってもらった。初めての海外旅行だった。

今にして思えば、このネパールでの旅で、私は何かが変わった。目の前に立ちはだかるヒマラヤを目にしたからだけではない。見るもの、聞くもの、食べるもの、匂い、五感すべての感覚が研ぎすまされた感じがして、終始アドレナリンが出っぱなしだった。これまでの価値観が崩れさり、いい意味で今までの自分が否定された気がした。それだけの強烈な印象をネパールは私に与えてくれた。

旅行中、大学の研究室の先輩で、ネパールで青年協力隊の活動をしていた吉田実さんの職場を訪ねた。そのときは自分が協力隊に参加するとも、その吉田さんの後任として仕事を引き継ぐことになるとも思いもよらなかった。

ネパールとの縁はまだ続いた。大学時代、卒論でアマランサスという作物の実験をした。氏原先生がネパールからもち帰った作物遺伝資源のうち、アマランサスの評価と発芽に関する実験をした。初めて見るこの見慣れない作物をテーマにその後、研究を続けることになるとは、協力隊の参加のときと同様、まったく想像だにしなかった。

大学4年生の当時、時代はちょうどバブルの絶頂期だった。同級生はみな有名企業に就職していったが、自分は将来に対する漠然としたイメージももてず、卒業して就職するという決断ができなかった。結局、大学院に進学後、本格的にアマランサスの研究を始めることになった。しかし、悶々とした日々を送っていた。実験自体は、さまざまな変異を観察することができて楽しかったが、ネパールから集められてきたこれらのアマランサスが、実際にはどのような人が、どんな環境で、どのようにして食べているのかがわからず、実験の結果からしかモノが言えない自分にフラストレーションがたまっていったのだった。ネパールへもう一度行って、アマランサスの栽培の現場へ行って自分の眼で色々なことを確かめてみたい、そういう思いが日増しに強くなっていった。

そんな折、偶然、研究室におかれていた青年海外協力隊の募集要項が目に留まった。ネパールの旅行で吉田さんと出会っていたので協力隊の存在は知ってはいたが、それまで自分で参加しようと考えたことはなかった。何気なくページをめくっていると、なんとネパールで自分がやってみたいと思っていた仕事がそこにあるではないか。渡りに舟とはこのことだと思った。それまでのモヤモヤが一気に晴れたような気がした。

しかし、参加を決意するには、不安も多くやはり迷った。決断には勇気が必要だった。周囲の同級生が順調に就職していくなか、自分だけ道を踏み外すような気がして怖かった。そのとき、目の前にある見えない線を飛び越えて「向こう側」へ押し出してくれたのは、相談した協力隊OBの「迷っているなら行った方がいい。行ってよかったかどうかはすぐにはわからないかもしれないけれど、きっと行ってよかったと思うときが必ずある」という言葉だった。いまもし、協力隊の参加をためらっている人がいるならば、その人に同じ言葉を贈り、背中を押してあげたい。

協力隊の試験の面接では、なぜか強気だった。「この仕事は、自分のためにある…」、そんなことを確か言った記憶がある。今思えばよくそんな度胸があったと恥ずかしい気持ちになる。結果的には、なんとか自分の希望していた国と職種で合格をすることができた。後から話を聞くと、そのようなことは、そうそうあることではないと知り、運とタイミングの良さを強く感じた。次は、当時まだ海外旅行などしたことのなかった両親の説得が待っていた。両親にとってネパールは「未開の秘境」。そんな「危険な」ところへ息子を行かすわけにはいかなかった。また、母には、就職から逃げているだけじゃないのかと痛いところを突かれた。十分な説得のできぬまま時間が過ぎ、ネパール出発の朝を迎えた。その日の朝、最寄りの駅まで見送ってもらったが、「戦争にとられる気持ちだ」と別れ際に泣かれてしまったのには、気持ちはわかるがこちらも参った。

協力隊での仕事

平成4年7月、同期隊員13名とともにネパール着任した。日本で約3カ月、みっちりネパール語を学習してきたはずだったが、現地に慣れるための首都カトマンズでのホームステイでは、覚えたての言葉はなかなか相手には通じないし、早口でネパール語を容赦なく使ってくるホストファミリーの話が思うように聴き取れず、かなり不安になった。先輩隊員に3カ月もすれば慣れてくるよ、と慰めてもらったが、そのときの危機感は相当だった。しかし、その助言通り、次第に周囲の人とコミュニケーションがとれるようになっていった。しかしそれは、「何とかなった」のではなく、日々の努力によって「何とかした」と、表現されるべきだろう。

現地での訓練を1カ月ほど続けた後、ようやく職場への赴任とあいなった。配属先は、農業省の研究機関の一組織である高地穀物改善計画というところ。先輩隊員に続き2代目の隊員として仕事をした。そこでは、ネパール国土のおよそ7割を占める中・高標高山岳地域で主に栽培されているオオムギ、シコクビエ、ソバ、そしてアマランサスの4つの作物を対象としていた。

そこでの仕事は大きく3つ、各作物の栽培試験、作物遺伝資源の収集とその評価だった。この職場の上司のバニヤさんは、氏原先生がネパールで共同調査をしていたときのメンバーだった。そのため、協力隊の仕事に対する理解もあり、比較的自由に自分で考えた業務計画を実施することができた。周囲の理解がなかなか得られず思うような活動ができないでいる隊員が少なからずいるなかで、バニヤさんの理解と協力は、本当にありがたかった。

職場のヘッドオフィスは、カトマンズから東に約200㎞離れたドラカ郡のカブレ農場にあったが、私は、ソバとオオムギの栽培試験を行うためにムスタン郡のマルファ村（標高2，650m）にある試験場で業務にあたった。もちろん当時、自動車道はなく、飛行機を乗り継いでジョムソンという村の飛行場からさらに歩いて1時間半程のところにあった。学生時代、氏原先生の講義で見せてもらったヒマラヤの谷間につくられた舗装のされていない滑走路の飛行場は、まさにそこだった。ここからは、ニルギリという7，000mを少し超えるヒマラヤがきれいに見える。もし、飛行機を使わなければ、ポカラというネパール第二の観光都市から3日ほど歩かねばならなかった。マルファ村は、その昔、チベットとネパールのヒマラヤを越えた交易ルート上にあり、荷物を積んだラバの隊商が首に下げた鈴を鳴らしながら村のなかを通る街道を往来している。

夏作のソバと冬から春にかけて作付けするオオムギの品種栽培試験は、冒頭に登場したネパールからの電話の主、リル・バハドゥールさんらと行った。栽培試験の準備やデータとりは、カーストの位が高く教育を受けた別のスタッフの「指示」で、彼や農場周辺の女性たちが驚くほど安い賃金で雇われ、行っていた。ネパールでの生活に慣れていなかった赴任当時、彼には家族ぐるみで本当に助けてもらった。

実際の栽培試験の方といえば、海外から送られてきた優良品種はことごとくうまく栽培できなかった。役に立たないのである。地域で昔からつくられていた品種が結局は皮肉にも一番の収量を得ることがほとんどだった。条件の良い整備された試験場で育成され、出来上がった改良品種は、環境の厳しいこのような場所では、その品種がもつ高収量性などのパフォーマンスを発揮することはできなかった。バイオテクノロジーが凄まじい勢いで発達するなか、ネパールの僻地で生活するこの人たちを満足させる新しい品種をなかなか見いだせないもどかしさと、ジレンマを抱えながら、私の専門分野である育種学とは何なのだろうということを考えるようになっていった。

もう1つの業務であった遺伝資源収集調査では、栽培試験業務の合間を縫って、自動車道のない高標高地帯を中心に、それこそネパールの西から東まで、ネパール人スタッフとともに調査道具と寝袋、簡単な食糧をザックにつめて、歩きまわった。仕事の関係上、西ネパールを調査する機会が多かったが、西部山岳地帯のカトマンズから遠く離れた村の人たちは、自然と向き合った厳しい生活を送っていた。調査のときには、村人に頼んで家の一室で泊めてもらうのだが、日本では見たことのなかったダニやノミ、南京虫に体中くわれるなど、苦くも貴重な経験をした。時には、平屋の上に干し草をしいて星を眺めながら寝た夜もあった。各地をまわってまず気付いたことは、それぞれの自然環境に合わせて実にさまざまな品種や作物を栽培していることだった。それは、彼らの経験則からつくられた「生きる」リスクマネジメントでもあった。

遺伝資源収集の調査は、農家を回ってそこで栽培されている作物のタネを少量ずつ分けてもらう。その際、栽培方法や利用の仕方をインタビューし、記録していく。インタビューにつきあってもらう間、タバコを渡し、一服している間にインタビューをしたり、カトマンズで購入した野菜の種子をお礼にあげたりもしていた。その調査中に、未だに忘れることのできない出来事があった。調査を始める前に、このようにタネを農家から分けてもらう意義を簡単に説明していた。たいていは、好意的にタネを分けてくれるが、このときの農家の反応は、いつもと違っていた。

「お前さんたちは、わしたちのタネをもって帰っていったい何に使うのかね？　それがいったいオレたちにどう役立つというのかね？　だいたい、こんな僻地の貧しい村に再びやってきて、私たちの生活をよくしてくれるとでも言うのかい？　たとえいい品種が出来たとしても、オレたちのところまで届くもんか！」　私たちに向けられたその言葉は少々怒気を含んでいた。頭にガツンと一撃を食らった気分だった。私は、このとき、この人に満足のいく返事をすることができなかった。現地栽培試験をしていたときにも感じていたジレンマが増幅し、その後も尾をひくこととなった。

そうこうしているうちに任期があっという間に過ぎていってしまった。農業隊員にとっての2年間という任期は、決して長くない。作物の栽培でいえば、2回しか同じ作物を作ることができないので、活動の1年目に、ネパールの農業の現状やニーズを把握して、残りの1年で何とかしないといけない。これでは、個人の力では「点」としての活動が精一杯で、線につなげることは難しい。私自身、先輩隊員の後任として、業務を引き継いできたが、職場の上司が変わり、これまで進めてきた事業の継続と展開が難しいと判断して、後任隊員を要請することはしなかった。2年目に行っていたアマランサスの栽培試験を最後までやり遂げるべく、3カ月半の任期延長をした。出国ギリギリまで報告書を書いて、最後は追い出されるようにネパールを去った。こうして私は、ネパールでの隊員活動を終えた。

帰国後、そして今

帰国してすぐに大学院を卒業した後、しばらくして、母校に就職する縁を得た。研究材料は、大学のときに出会ったアマランサスで、研究は、DNAなどを扱う分子生物学的手法が中心だった。しかし、心のどこかでは、ネパールで感じたジレンマを解消する方法を模索していたように思う。そんなとき、大学の制度を利用して、海外の大学に10カ月間、留学する機会を得た。そこで私が選択したのは、当時、開発分野その他でよく使われていた「住民参加」というキーワードを使った「住民参加型育種」という分野だった。海外の論文でちらほら話題になっていたが、日本で関心をもっていた人は、研究者のなかでは希有だった。その分野を勉強できるところは、オランダのワーゲニンゲン大学にあった。

私が門を叩いたのは、社会科学系のラボだった。しかし、私を受け入れてくれたボスのコニーも、もともとは植物病理学が専門で、ペルーにあるジャガイモの国際研究センター（CIP）で研究をしていた。彼女が、現在の分野を開拓してきた過程と、私がネパールで感じていたジレンマからこの分野にたどり着いた過程に共通点が多く、驚いた。さらには、日本では関心の低いこの分野が、ヨーロッパの開発分野では、1つの学問分野として確立し、何人もの研究者のネットワークが存在していたことだった。オランダで具体的な成果を出すまでには至らなかったが、今後の活動の大きなヒントを得てその短い滞在を終えた。

大学での研究は、引き続きアマランサスが中心だったが、オランダからの帰国後、以前からやってみたかった地元長野県の作物遺伝資源の保全に関するテーマもスタートした。長野県には、カブや野沢菜をはじめとする漬け菜類、ダイコンなどを中心に、まだ多くの地方在来品種が残っている。しかし、それらの担い手は相当に高齢化しており、近年の急激な生活様式の変化から、時とともに姿を消していっている。私は「タネ」の視点からこの問題をとらえ、どのように保全していくべきかを考えている。自然と、県内をあちこち調査する機会が増えた。農家との話のなかで多くのことを学ばせてもらっていることは、移動方法が「歩き」から「車」に変わったものの、ネパールでの調査と変わらない。

また、アマランサスを研究材料としてだけではなく、地域の人たちと一緒に普及させていくという事業にも参画している。さまざまなご縁から、それまでアマランサスの「ア」の字も知らなかったような人たちが集まって、活動開始から3年経った今、小さな循環が生まれた。多くの課題があり、その歩みは決して速くはないけれど、地域との関わり、点から線、そして面への活動の展開は、場所は違えどネパールでやってきた、協力隊での活動と何ら変わりがないようにおもう。むしろ、ネパールではやりきれなかったことを、今ここで地域の人たちと協働して楽しんでいる。ここでも協力隊の経験が活かされていることを実感することがよくある。

協力隊経験で得た「周縁」をみる眼

ここまで、協力隊へ参加するきっかけから帰国してからの今日について書いてきたが、私が協力隊経験で得たものは何だったのだろうか。いくつかある。1つは、2年数カ月、じっくり「現場」に身を置くことができたこと。不衛生な場所はできればご勘弁だが、海外どこへ行ってもたいていの場所で現地の人と同じ生活ができそうだという妙な自信がついた。

これらをふまえてネパールでの活動で得た経験と、今の私の仕事や行動を結びつけているものは何なのだろうか考えてみた。見つけ出した1つの答えは「周縁」を見る眼だった。中央に対しての周縁、私の視線は、常にそっちの方向を向いているように思う。周縁という言葉は、見方によっていろいろな受け取り方があり、解釈の仕方は広い。ざっと次の3つの周縁性が頭に浮かぶ。①地理的周縁性（周縁性、アクセス）、②経済的周縁性（周縁性、貧困指数、家族あたりの平均月収、耕地面積）、③環境的周縁性（土地不足、水不足（農業・上水）、森林破壊、カースト、民族的なマイノリティ）。

そしてこのように考えるようになったのは、ネパールの僻地を歩いていたときに農民に言われたあの一言だったのかもしれない。この発想は、協力隊での経験を通じて得た大きな視点であり、今日まで私の考えや発想、行動の軸になっていることに今改めて気付かされた。

未熟な私を成長させてくれたネパール、私に関わってくれた多くのネパール人に感謝したい。

エピローグ—ネパールへのつのる想い—

冒頭のネパールからの突然の電話。その後再び鳴るのをしばらく待ってみたが、もう鳴らないことはわかっていた。彼は日本時間で10時ちょうどになるのを待って交換手に1分間だけ話をするといって電話をかけたのだろう。思いのこもった彼の問いかけに、今は残念ながらいい返事ができないでいる。

近年、ネパール王室のスキャンダルや不安定な政情や市民生活に関するニュースが日本にも伝えられた。今、ネパールはどうなっているのだろう。ネパールへ行きたい。彼に会いたい。彼の家族に会いたい。ネパールで世話になった人たちみんなに会いたい。そう、できれば妻と子どもたちを連れて。そんな思いが押し寄せてきて、その晩はなかなか寝付けなかった。

「周縁をみる眼」のその後

『青年海外協力隊がつくる日本』が出版されてから5年が経過した。私は、「周縁をみる眼」と題して書かせていただき、自身のネパールでの活動とそこで感じたこと、そして帰国後の自分についてふり返るいい機会をいただいた。当時、私はネパールと疎遠になっていたが、そのとき書いたようにネパールからの突然の電話をきっかけに、ネパールへの思いが湧き上がっていた。

思いが通じたのだろうか。その後、それまでの空白をうめるかのように何度も仕事でネパールを訪問することになったのだ。はじめの仕事は、私が隊員時代に所属していたネパール農業研究評議会と、現在所属している信州大学農学部との学術交流協定を結ぶことだった。協力隊活動を終えてすでに20年近くがたっていたが、任期中いっしょに仕事をしていた同僚が助けてくれたおかげで、無事、協定を結ぶことができた。その後、私の任地だったマルファ村とも連携協定を結んだ。長い時をへて、かつての仕事先、そして愛着のある任地と再びつながったことは素直にうれしい。もちろん、協定を結ぶことがゴールなのではない。今後の継続的な交流に注力していかなければならなかった。

協定を結んだ後、タイミングよく大学内のグローバル人材育成事業がスタートした。次の仕事は、農学部からの提案としてネパール海外農業実習を企画し、学生を連れていくことだった。ネパールならではの多様な農業環境と生活文化を肌で感じるまたとない機会になるハズだ。先日、3回目の実習を終えて帰国したところだが、私が協力隊時代に多くの経験をさせてもらったように、実習に参加した学生たちも「何か」を感じとっていて欲しいものだ。

そして今、新たなプロジェクトに挑戦しようとしている。まだ申請準備段階なので大きなことはいえないが、ネパールの農業高校の教育カリキュラム改善と教員の指導力向上を目指したものになる予定だ。

最後にもう1つ。この5年の間に大きなサプライズがあった。ネパールから電話をかけてきたリル・バハドールさんの三女カルパナが日本にやってきたのだ（写真の一番右端の少女）。いっしょにいた当時、彼女はまだ4、5歳だった。いつも鼻水をたらしていたが、目に力のある賢い子だった。名古屋の日本語学校で猛勉強し、今は専門学校に通っている。親戚から大きな借金をして日本に来た彼女。借金の返済と親へのわずかな仕送りのために学校以外の時間はほぼバイトにあてられている。微力ではあるが、今度は私が彼女の親代わりとなって、恩返しをする番だ。

根本和洋　1967年生まれ。

信州大学大学院農学研究科機能性食料開発学専攻　助教。

専門は、植物遺伝育種学・民族植物学。中南米原産の作物アマランサスの遺伝育種学的研究のほか、最近は、農民のための種子や品種に関する調査研究を国内外で行っている。

第3部　青年海外協力隊座談会『これから協力隊を目指す人たちへ』

●出席者：齋藤智慶（神奈川県現職教員／日系社会青年ボランティア：ブラジル　小学校教諭　平成22（2010）年派遣／マルピアラ学園（サンパウロ市））

町井恵理（NPO法人AfriMedico代表理事／協力隊：ニジェール　感染症対策　平成18（2006）年派遣／ガヤ県保健所（ガヤ市））

松舘文子（JICA職員、NPO法人かじか瀬／協力隊：タイ　人形制作　昭和63（1988）年派遣）

清水　正（編著者）

1.【自己紹介】

松舘「私は昭和63年隊次で、清水さんと同期なんですね。駒ヶ根訓練所で一緒で。私はタイで、今は無き「人形制作」という職種でした。技術が無いからタイでは本当に苦労しましたけど（笑）。帰国してからしばらくはＪＩＣＡの国際協力推進員や、ボランティア調整員（現在の企画調査員（ボランティア））などをやっていました。パラオに最初行ったんですけど、その後はミクロネシア、ベリーズ、またミクロネシア、そんな中、やっぱり勉強し直したかったっていうこともあったので、ベリーズに行ってる間に通信教育で国際社会開発研究科を専攻しました。そのあと、ツバルで海岸保全のプロジェクトに参加し、今はお仕事をしながら、秋田で高齢者支援のＮＰＯを立ち上げ、月に一度は秋田に行っています。」（パンフレットを取り出して見せる）

齋藤「あっ、ちゃんとパンフレットあるんだ。」

松舘「あるんですよ（笑）。私、地元が秋田なんですけど、すごい限界集落なんですね。そこで年寄りがやっていたお店がどんどん閉まってしまって、買い物をする場もないし、バスもなくなって…っていうような状況なので、食事ができる場所とか日用品が買える場所とか、みんなが楽しんで教え合ったりする場所みたいなのをつくりたいなって思って。今年（２０１５年）の４月にこれを起ち上げました。去年から作業して今年やっとＮＰＯ法人の認定を受けて、で、月１回ずつぐらい地元の秋田に帰ってイベントとかいろいろやってるような状況で。ツバルでプロジェクトやったときや、協

ナコンパトム職業訓練校で，生徒と一緒に

力隊に行ったときのイメージとまったくおんなじなんですよ。時間の感覚だとか、なんて言うのかな、人と助け合う感覚だとか。なんか、協力隊活動時の二次体験を今してるような状況なんですね。という、松舘です。」

皆「よろしくお願いします。」

町井「AfriMedico（アフリメディコ）の町井と申します。青年海外協力隊で2006年から2008年、ニジェール共和国で感染症対策としてマラリア・エイズの予防啓発などの活動をしていました。18年度0次隊で、まぼろしの0次隊と言われていて、同期は全員アフリカ隊次です。それまで年に3回派遣されていたのが、年に4回に変わったので、途中で0が入ったっていう形です。私は薬剤師なんですけど、行く前は製薬会社で勤務していて、会社を辞めてアフリカに行ったんです。当時、いろいろと迷っていたので、こんな本があれば私すぐ読んだのに…。これいつ出たんでしたっけ？」

司会「２０１１年です。」

町井「私が派遣されていた２００６年当時は協力隊に関する情報はあまりなく、知り合いを通じて先輩隊員のところに話を聞きに行ったりとか、そういう苦労を重ねました。協力隊に行く前は、事前準備をするために情報収集したり勉強したりしていましたが、親には大反対されました。2-3カ月説得に説得を重ねて、それでも納得してもらえず、条件をいくつか提示されて、親戚には内緒で行きました。結局は黒人を連れて帰らないとか危ないことはしないことなど…（笑）。」

松舘「あ～言われる言われる（笑）。」

町井「親の問題はありますね。今でも（協力隊希望者に）いろいろと相談されることがあります。また、そのとき付き合っていた人とも結婚か協力隊かっていう選択で、私は協力隊を選びました。それで、婚期を逃してしまったっていうのもあったり（笑）。でも、近々結婚する予定なのですが、当時は結婚ほんと諦めて独身でいこうと思って

ニジェールでの啓発活動

たんですけど、年を経て、環境が変化するとそんな気持ちもなんか変わってくるところもあるかと思います。そのあたりも、自分の迷いとかが、なんか今日ネタになればおもしろいかなっと、個人的には思ってるところです(笑)。でもやっぱり反対されてても婚期逃しても、それでも行って良かったなって思います。親の反対の理由としては2つありました。1点目は「キャリア」、2点目が、女性なんでやっぱり危ないだろうっていう点でした。しかし、協力隊はそれなりに守られていたなぁと思っています。まあ途中で栄養失調になったりとかあったのですが、そんな結構大変な中でもJICAがサポートしてくれたなと思います。結構、親の反対が強烈だったんです。

それでもやって良かったなっていうのは「今」があるからです。NPO法人を起ち上げたのも、協力隊に行ったからなので、すべてが繋がっています。また、父親には、「そのボランティアの先に何があるんだ」って言われましたが、そんなのわかんないじゃないですか。とりあえず行きたいんだよっていうような話をして、何度も話をして納得してもらいました。」

清水「栄養失調っていつごろあたり？　行って1年目ぐらい？」

町井「1年目です。私の赴任した地域は日本人が誰もいなくって、地域の人に馴染もうとラマダンの時期に一緒に断食をしました。野菜がぱったりなくなる時期があるんです。腐った玉ねぎしかなくなって、剥いても剥いても腐ってて、最後ちっちゃいのが残るみたいな感じです。みんなどうしてるかっていうと、乾燥させたり、トマトを乾燥させたりしていました。そんな工夫とか知らず、何もないところから工夫することを学びました。」

松舘「お母さんとかお父さんは、帰ってきた時はもう行って良かったねって感じですか？」

町井「そのときは、そんな何も言われなかったです。」

松舘「今でも、やっぱり行かせなきゃ良かったとか。」

町井「あっいや、そういうわけではなく、きっと諦めたのだと思います（笑）。それでまた帰ってきたら帰ってきたで、大学院に入学して、なんかニジェールでできなかったことがいっぱいで。医療だけやってもだめで、どう仕組化するか、どう人に動いてもらうかなどマネジメントを学ばないとと思い、経営大学院MBAのコースに行きました。その大学院の研究プロジェクトでアフリカの医療改善っていうのをテーマにして、ビジネスモデルを確立させました。また、なんか形にしないとダメで、せっかく研究したのに、このまま何も動かないのもどうかと、NPO法人を設立することにしました。それも、親には何も言ってなかったのですが、新聞に出て、親が何これ、みたいな感じで知られました（笑）。心配するから言ってなかったんです。成功したらちゃんと言おうかなって思っていたのですが、ばれちゃいました。今は、そんな苦労を重ねながらNPO法人を運営しています。」

司会「青年海外協力隊を選んだきっかけの部分を、もう少しお話しいただけますか？」

町井「私は将来、薬剤師に絶対なるだろうって思ってたんで、結構バックパッカーをいろいろやってたんですよね。アジアとか行ってみて。」

清水「学生のとき？」

町井「はい、学生のときです。子どもが働いているのとかを見て、疑問が芽生えてました。インドのマザーテレサの家でやったのが、いっちばん最初のボランティアで。そこからボランティア精神が目覚めました。ただ、短期でボランティアをやっていたのですが、自分を見直せなくて、自分がやってたことは本当に正しいのかとか、わかんなくなりました。そこで、2年間がっつりボランティアをやろうと決めました。でも、今思うのは、やっぱり2年でもだめです。一生かけて何かするってぐらいじゃないと、2年で何か変えれるわけない。本気でなんかをやるっていうと、一生ぐらいかけて、でも一生でもだめで、それを後世に継いでいくぐらいの勢いで、やっと何かを変えれるんじゃないかなって最近思っているところです。」

清水「じゃあ、齋藤さんお願いします。」

齋藤「齋藤智慶と申します。よろしくお願いします。今、地元の神奈川県藤沢市で小学校の教員をやっています。担当が国際教室といいまして、一般の学級担任ではなくて、外国籍の児童を引き抜いて。」

松舘「あれ？　それ、知ってる。国際教室をやりたくて行ったんですよね？　なんか読んだことがあります。」

齋藤「はい。ＪＩＣＡのホームページに出たりしたので。外国人が多い県なので、神奈川県には国際教室っていうのがたくさんあるんですね。私は２０１０年から２０１２年

配属先学校の幼稚園部にて

まで、現職教員なので、訓練も含めて2年間の活動期間でした。赴任先はブラジルのサンパウロ市でした。だから、大都会の真ん中の活動で、一般的なJICAボランティアのイメージとはちょっと遠いものだったと思います。大学では、教育とは全然関係のない国際政治を勉強して、卒業後は8年間ほど電力会社だったのですが、燃料部というところで石油の調達をやってました。その後、30歳になった年に、いろいろ考えて教員に転職し、実家の近くの学校で、一般の学級担任をやってました。その当時は、藤沢市在住の外国人の中でブラジル人が一番マジョリティだったんです。特に藤沢の北部では、外国人児童がたくさんいて、非常に問題を抱えている、ということを知りました。それでぜひ、そういった人たちの手助けをできたらなと思ったんです。もともと私は、ブラジルっていう国にすごく興味がありました。自分の好きな国と仕事を結びつけたいなって思っていたら、日系社会青年ボランティアの現職教員特別参加制度がちょうど始まったんです。これは行かなければと思って、応募しました。私は特に誰からも反対されませんでした。家族からも、「まぁ行ってきたら」と軽く言われて（笑）。」

町井「いいなぁ（笑）。」

齋藤「校長先生も応援してくれました。普通、戦力が減るから行かないでって言われることが多いんですけど、校長先生も、教頭先生も「ぜひ行ってらっしゃい。あなたらしいね。」と言ってくれました。向こうでは、サンパウロ市内のマルピアラ学園という私立学校に配属され、日系人の先生が校長先生を務めていました。仕事内容は、日本語教育や日本文化の教育・紹介が中心でしたが、それにとどまらず本当に幅広くいろんなことをやらせてもらいました。例えば、現地の先生方に日本の授業のやり方を見せたり、日本の学校のさまざまなシステムを紹介し、現地の教育手法の改善に役立ててもらったりしました。特に現職教員特別参加制度は、帰国後の学校勤務に活かすという研修としての側面もあります。その部分を校長先生が理解してくださって、「ブラジルは多様性の国だから、1つの学校にいただけだと、とてもブラジルを見たことにならない。貧しい人が行く公立学校や、逆に、ものすごい大金持ちが行く私立の学校、田舎の小さな学校などいろいろ見てきて、そこで先生や生徒たちと関わって、いろんなものを学んできなさい。」って言ってくれたんです。」

清水「齋藤さんが初めてだったんですか、そこで。」

齋藤「はい、その学校では私が初代のボランティアでした。日本に帰ったら、(元の)校長先生がまたいろいろ取り計らってくれました。ぜひ国際教室のある学校に配属してくださいってお願いしたら、たまたま空きがあったのが今の学校なんですけど、そこに入れてくれました。1、000人以上も児童がいる大きな学校です。」

清水「じゃあ、国際教室を担当して、今どれくらいになるんですか？」

齋藤「4年目です。ボランティアから帰ってきてさっそく接しているのが外国人ばっかりなので、あんまり逆カルチャーショックはなかったです。逆に、周りの人間が私にカルチャーショックを感じてるかもしれません(笑)。」

2.【青年海外協力隊の試験】

司会「これから協力隊をめざそうという方にとって、最初のハードルが試験になると思います。前回の座談会でも、過去問を一生懸命解いたという方がいらっしゃったのですが、皆さんは試験対策のようなことをされたのでしょうか。また、特別な技術を持ち合わせていない場合は、やはりどこかで身につけた方がよいのでしょうか。」

清水「古いほうからいいんですか？　新しいほうが？」

司会「この5年で、試験は変わっていますか？」

松舘「変わってますね。だって、齋藤先生なんか、一次技術試験免除ですもんね？」

齋藤「まったく別ルートですね。現職教員特別参加制度というのは、一次試験がなくて、二次が技術面接と人物面接です。まず、最初のスタートは、所属長である校長先生、教頭先生にお話を持っていくとこですね。そこで面接がありました。自分の志望動機や、帰国後、どう生かしたいかを説明して、そのあとに市の教育委員会、それから県の教育委員会と、合計3段階の面接を行いました。そのあと、最終的に県のほうで合格したら、次は文科省を通じて推薦され、そのままＪＩＣＡのほうの選考試験になるんですね。面接では、自分の住んでいる神奈川県にブラジル人が多くて、教育の課題があるということ、それらの課題の解決に向けて取り組むために、このボランティアに参加することが有効であるので、ぜひ行かしていただきたいと伝えました。送り出した側もメリットがある、帰国後にそうした特殊能力を身につけた人材が帰ってくるっていうメリットがあるので、ぜひお願いしますというアピールをしましたね。あとは、小学校教諭という職種で応募しましたが、やっぱり日本語の指導が中心になるってことは要請内容からわかっていたので、日本語教師の資格（日本語教育能力検定）を応募の1年前に取りました。」

清水「町井さんは？　薬剤師って倍率そんなに高くないですよね？」

町井「薬剤師ですが、でも一度、薬剤師の職種として受験して落ちてるんです（笑）。」

清水「はっ？　あっすみません（笑）。」

町井「製薬会社で働いていたので、病院や薬局での実務経験がなかったんです。例えば、注射剤とかの扱いなどは実務としてやっていなかったので、難しいんです。でも、薬剤師としての知識も活かしたくて、そこから、違う方向性に変えるには葛藤がありましたが、結局は薬剤師としてではなく、感染症対策で受けました。それが、ニジェールの感染症対策でした。その職種は、自分の性格にも自分の持ってるバックグラウンド的にもすごい合っていたと思います。製薬会社だと薬があって、それをドクターとかに説明して、処方を書いてもらう。協力隊だと、例えばマラリアとかエイズとかの啓発だと、病気の知識を持って、「こう予防してください」と啓発し、行動につなげてもらうというのがとても似ていました。だから、そういう点で試験に落ちて気が付きました。自分にとっての経験を活かせる職種を選ぶべきだと思います。また、協力隊の前に準備していたことは国際医療とか、あと英語は必要だろうと、英語を勉強していました。ほかは、いろんな人に話を聞きに行ってました。私が受験したときの人造語の試験はとてもおもしろかった。その対策とか、過去問は何回もかなりやりました。」

松舘「おもしろかったですね。」

町井「おもしろかったです。あれ残念ですね、なくなって。なんか、こんなズラズラ書いてあって。例えば、英語だったら、This is a penとかって。This は「これ」、is は「です」、pen は「ペン」みたいなんで。なんとなくこう、いろいろガーッて書いてあって、それを分解して、自分で解読するみたいな。」

松舘「あの試験で、今まで英語とか勉強してないけど、語学のセンスのある人がわかるんじゃないかって思ったけどねぇ。」

清水「だって、現地語で仕事しなきゃいけないパターンって結構あるじゃないですか。

そんときのセンスがあるかどうかって、そういう試験で見てたのかもしれない。」

町井「たぶんそうだと思います。でも、その試験なくなったので、あとは専門のところですね。マラリアとかエイズなど感染症関連の試験の問題は、内容や数などは変化がなかったので、過去問を見て自分で勉強しました。一次試験が筆記で、二次試験がグループワークかあとは個人面接っていう感じでした。」

松舘「今は、グループワークないですね。」

町井「ないんですか？　結構おもしろかったですけどね。それでみんなどういうバックグラウンドがあって来ているとかわかるし。自分はこういうとこ足らないなっていうところがわかるので、おもしろかったです。」

松舘「私、協力隊の目的として、その相手国への貢献と、それから仲良くなってもらって、帰ってきたときに経験をまた日本社会とか世界社会に活かしてもらうっていう3つの目標があるので、そこをできる人かどうかが、鍵だと思います。今の町井さんみたいに、ちゃんと英語勉強してきたとか、ちゃんと学校で勉強してきたとか。」

清水「それ、就活とほとんど同じですね。」

町井「うんうんうん、一緒ですね。」

松舘「「行ったら、フランス語を勉強したいと思います」とか、「合格したら勉強したいと思います」とかではなくて、今やってますっていうのがちゃんと言える人がやっぱり受かるのかなって思います。」

町井「でも、そうじゃないと、現地で動けないですもん。それぐらいのパワーがないと。与えられるものだけで考えていたら。」

3.【青年海外協力隊の訓練】

司会「試験の次は訓練だと思うのですが、昔と大きく変わっていないでしょうか。」

清水「齋藤さんの場合、何日ぐらい、どこでやってました?」

齋藤「私は、みなとみらいのJICA横浜でした。期間は、2カ月ちょっとですね。4月に始まって、6月の上旬に終わりました。現職教員はそのあと2週間ぐらい技術補完研修、日本語教師としての訓練がありました。」

町井「日系社会青年ボランティアも、プログラム的には一緒ですか?」

齋藤「変わらないと思いますけどね。」

町井「なんで(青年海外協力隊の訓練と)分けてるんですか?」

松舘「日系社会の中に入るっていうことがあるので、訓練を別にお任せしてるんですね。日系社会でどういうふうに暮らしていくかっていうのをやってもらってて。協力隊はほんとに現地の人たちの中でどうやっていくかっていうのじゃないですか。」

清水「普通の協力隊の方の訓練所はどこ？」

町井「私は、（福島県）二本松だったの。本当はニジェールだと、（長野県）駒ケ根なんですけど、私の隊次は全員アフリカ赴任だったので、全部二本松で、飲みに行くのも必ず下山をしてました（笑）。本当に朝から晩までフランス語の授業がある感じですよね。今あるのかわかんないですけれど、選べるコースとかがあって、鶏の捌き方とか、自転車の修理の仕方とか、髪の毛の切り方とか。なんかああいうのがおもしろかったんですよね。あと障害者の方々の家とか。」

清水「そうそう、老人ホームの訪問とか。」

町井「ああいう訓練とかもすごく良くて。障害者の人と関わる機会ってないじゃないですか。障害者の団体100人ぐらいのところに2人ぐらいで行ったら、自分がマジョリティじゃなくて、健常人がマイナーだった。1つの特性なのだと体感できました。あの経験は、すごい良かったですね。」

松舘「私、大学が、理系と文系のキャンパスが離れていて、そのまま卒業して仕事したら、同じような人たちばっかりで暮らすじゃないですか。だから、自動車整備工とか看護師さんたちとがっつり一緒に暮らすことって異文化でした。」

町井「ニジェールなんか、現地で、公用語はフランス語なんですけど、やっぱりほとんど住民とかフランス語をしゃべってなくて、現地語なんですよね。現地語は、また現地で1カ月間くらいかけてフランス語で勉強するんですよ。」

清水「2年間で、しかも現地語まで習得とは。」

町井「ここの訓練って意外に重要で。ほんと缶詰にでもされるぐらいで、納得がいったかなって思います。ここでもし、ちゃんと勉強してなかったら現地の言葉とかも学べないんで、限界までやるっていうことが、これぐらい頑張ったんだ、しょうがないって思えるので、それはほんと重要だったなぁって。」

松舘「私もタイ語は初めてだったんですけど、やっぱり行って暮らさなきゃいけないから、必死で勉強するっていうことがあるので、あんな機会ないですよ。」

清水「あと、アジアの言葉って、英語より勉強するのが楽だっていうか、目からウロコで。似たような、例えば文法が同じ。ネパール語で「ご飯を食べる」って言ったら、そのままこうひっくり返していけばいい。英語だったら、「ご飯を食べる」が、「私は、食べる、ご飯を」みたいになっちゃう。」

町井「それ、アジアなんですかね？　なんか私の地域は、現地語3部族語ぐらい使われてました。ニジェールには8部族いるから、8部族語あるんですけど、私、住んでるところには3部族いたんで。でも文法の成り立ちって、日本語みたいな文法のところもあれば、そうじゃない文法のところもあるので。なんか、アジアと大陸の違いなのか、ちょっとこれ言語学なのでよくわかんないですけど。いろいろやっていくと、言語の学び方を学べるようになった気がしますね。」

4.【活動時のエピソード①：対人関係】

司会「活動時のエピソードについて、3点お伺いします。まずは「対人関係」で印象に残っているエピソードはありますか？」

清水「3人の方にお願いします（笑）。」

町井「私は、現地に行ったらカウンターパートが亡くなられてました。カウンターパートって一緒にパートナーとしてやる人が、赴任したらいきなり亡くなったよって言われて。そこからのスタートだったんですよ。だから現地の誰とやるのか、誰を頼ればいいのかわからなくて。宣伝普及員みたいな県のトップの方がいないんで、あらゆる人に話しかけて、普通に雑談して、人間関係をずーっと構築していったら、いつのまにかポンッと一緒にする人が出てきて、手伝うよみたいなことを言ってくれて、そこから軌道に乗りましたね。一緒にやる人が固定していなかったので、いろんな人と連携をとっていたんで、その人脈が後々活きてきました。」

清水「じゃあ、あんまり焦ってはいなかった?」

町井「何やっていいか、どういうふうにしていいかわからないままで。はじめの方は焦っていたのかもしれないですけど、焦ったところでしょうがない。勝手に自分で活動をしてましたね。けれど、1人の力ってやっぱり弱くて、連携しはじめるとパワーが出るので、それを現地の人のみではなく日本のボランティア同士でも連携しました。私のような感染症対策って何人かいて、私の地域とは別のところに何人かいたんですよね。せっかくだし連携を取ろうというので、アンケートを全員で取ろうって話になりました。ボランティアとかって一人よがりになりがちなんで、ちゃんと定量化していこうと活動の前後で同じアンケートを取りました。ちゃんと評価をしていこうと協力隊の感染症対策のメンバーを集めて、会議をしてアンケートを作成しました。それで、4人のメンバーでトータル400名ぐらいのアンケートを取って、村ごとにどういう状態なのかを検証しました。結果もどういうところが改善できて、どういうところが改善できなかったかっていうところを評価しました。所長とかフィールド調整員みたいな人にも一応こういうことをやりますっていうのを伝えて、そこからアドバイスをもらったりとか、さまざまな連携をとりましたね。ボランティアはそれぞれの進捗があるんで、最初と最後の評価だけは必ずやりましょうっていうのだけコミットして、あとの活動はバラバラでした。そうじゃないと、ガチガチになっちゃうとしんどいので、そのほかは自由でっていう感じでした。」

清水「ちゃんとマネジメントやってたんだ。」

司会「2年間の活動期間では終わらないことってあると思いますが、前任者との引継ぎみたいなものはあったりするんですか？　自分で起ち上げたことが、自分の帰国後に順調に進展しているのかとか、気になりそうですが…」

町井「私、一番最初だったんですよ。次の方がいなくって、来なくって。」

司会「いなかったんですか？」

町井「はい。後任が決まらなくて、直接引き継ぎはしてません。全部、報告書とかの他にもいろいろ村の美味しいお店とか開拓したところとかあるじゃないですか。そんなの伝えたくて、所属先に秘密の箱を作って、次の隊次の方へみたいなのを置いておきました。あれを開けてくれてるかどうかは知りません。」
清水「そうですよね。齋藤さんのエピソードとかは？」
齋藤「対人関係で印象に残っているのが、任期のはじめに校長先生が私を職員に紹介するときに、日本からブラジルの教育を学びに来た研修生の齋藤さんですって紹介したことです。私はえっ？　って思いましたが、ただそれは校長先生の機転だったんですね。
　配属先の学校の教員の方たちは、自分たちの学校や仕事に対して誇りを持っていました。もし、日本から指導に来たと言ってしまったら、それこそ関係がぎくしゃくしかねないということを校長先生はわかってたんでしょうね。そういう紹介のされ方で、私はすごく良かったって思ってるんです。日本からブラジルのことを学びに来た人だって紹介されたので、すんなりむこうが受け入れてくれて、なんの抵抗もなく。」
清水「プライドを傷つけないようにね。」
齋藤「そう、傷つけないで。それで、もういろんな先生がサイトウおいで、こっち来てこれ見てきなよって。本当に幅広く活動させてもらえました。ただ、やっぱり大ざっぱな国なので、約束の時間に遅刻されるようなことはざらにありました。でも、現地の日系人の活躍にすごく助けられたという思いがあります。ブラジルって、ほんとに知られざる親日大国だと思うんですね。むこうに移民していった日系人の方の、ブラジル社会への貢献が非常に大きくて、日系人っていうのは本当に尊敬されてるんですね。〝ジャポネスガランチード〟っていう言葉があって、いわゆる日系人だったらすべて保障される、日本のものは安心っていう意味なんですね。嘘つかないとか悪いことしない、頭が良い、勤勉とか、優秀な大学に行ってるとかそういう良いイメージを現地の人は日系人に対して持っていて、それに便乗できた感じがします。日本とブラジルってそんな関係が太いとは思わないんですけど、もっともっと太くしていけると思います。」

清水「あんまり、苦い経験とか嫌な思いはなかった?」

齋藤「仕事の進め方が日本と違うので、戸惑うことはありました。例えば、「日本文化についての講座を来年やりたいから、その年間計画を立ててくれない?」って気軽に言われて、私はものすごい仕事を任されたと思って、長大な年間計画を作ったら、「あぁ、あの話なくなったから」って言われました(笑)。そういう仕事のやり方や言葉の重みなどの違いによってガックリくることはそれなりにありましたけど、それを打ち消すぐらいのあたたかい関係を現地の人たちと築けたと思います。」

清水「町井さんとかの話、イスラム圏で女性って結構大変だったんじゃないかなって。」

町井「なんか、外人だから何やってもよかった（笑）。これが、女性のイスラム教だったらたぶん厳しかったと思います。だから、いろいろ提案とかしていくのも、あんた外人だから、女性のスタッフとかに「あんた外人だから言って。」みたいな感じで、私が代弁するとか。反対に、いいようによかったなって思いますけどね。」

5.【活動時のエピソード②：タブー】

司会「この座談会では恒例なのですが、報道されていないけど、実はこんなことありました、ということはありますか？　例えば、隊員が途中でいなくなってしまったとか…」

松舘「任期短縮するってことはありますね。」

司会「警備はついてるんですか？　テロとか事件に巻き込まれないよう、協力隊員専用の警備の方とか。」

松舘「事務所に安全対策の専門家を雇ってるところもあって、そういう人は現地の警察の

OBだったりとか、現地の情報を収集できるような人がなるんですけど、大使館とか向こうの政府からすぐ治安情報が入るので、危険なことはたぶん一番最初に教えてもらって、自宅待機だとか、避難だとかっていう決断はすぐにしてもらえるようにはなっています。今は全員に携帯電話を貸与しているので、緊急連絡網で安全確認できるようになっています。」

町井「協力隊のネットワークはすごくて、ニジェールはちゃんと地図もあって、ここの道路のここのあたりが危ないっていうのをちゃんと書いてくれてるんですよ。そこを通るなっていうのまで書いてくれてるから。実際にその周辺で事件もいっぱいあるんですよね、そういう安全性っていうのはちゃんとね、考えてもらってるんで、そこは良かったと思います。」

松舘「やっぱり自分としては、タイ語も覚えてるし、地域の人とも馴染んでるから、タイ人みたいになってるんだって思ってるけど、周りから見たらめちゃめちゃ日本人で、その目立つっていうのを自覚してない人とかもいるんだと思うんですよね。結構、女の子とかもモテるし、「日本に連れていってもらおう」とか、「結婚したら日本に行ける」とかそういうふうに思ってる人もいるので、たぶん日本にいるよりもずっと声とかかけられますよね。」

町井「うん、うん。人生最大のモテ期（笑）。」

松舘「最大のモテ期になるから（笑）。それは日本人だから…。」

齋藤「ブラジルで心配なのは、やっぱり犯罪の多さですよね。私は2年間ずっと大丈夫だったんですけど。」

清水「なに？　お金目当て？」

齋藤「カウンターパートに任地の街を案内してもらって、最後にコーヒーでも飲もうかと、夜、カフェに入ったらそこに強盗が入ってきて。ただ、その強盗は紳士的な（？）強盗だったようで、「みなさん、私たちはお店のお金を取ります。お客さんには危害を加えませんので、みなさんぜひ静かにしてください」って言ったんです。その後スムーズに強盗活動が行われて…。それが、その同期隊員の配属の初日だったのです。私も含め、みな夜でも昼でも怪しいところに行かないようにしていました。」

町井「それはそうですよね。」

齋藤「JICAの安全クラークの方に言われたことをしっかり守る。街中で携帯を出さない。身なりも普通の現地の恰好をする。目立たない、同化する。」

6.【活動時のエピソード③：ポジティブな体験】

司会「お話を伺っていると、2年間で達成感を得るのは相当大変な気がしました。それでも、自分としては「やりきった！」とか、現地の人から感謝してもらえたとか、「この言葉に2年間が報われた！」といったエピソードがあればぜひお願いします。」

町井「私は2年間を意識して計画を立てて、アンケート調査を活動前後で実施しました。事前アンケートにより現状を理解し、事後アンケートにより自分の振り返りをしました。結果として、何ができたか？　何ができなかったのか？　が明確になりました。このアンケートがなければ、自分は何ひとつできなかったのでは？　と自信をもてなかったのかもしれません。実際、マラリアの罹患患者数は気候の変化などの影響も大きく、自分の活動ではインパクトが少なく評価がしにくいです。でも、もっと住民の知識や行動レベルでのアンケートの変化を見ていくと、しっかり変化していました。知識では、なぜマラリアになるんですか？　って聞いたら、神がもたらすんだとかっていう回答がほとんどで。」

清水「蚊に刺されたっていう意識はない？」

町井「ないですね、正当率20％だったんですよ。で、結局、私、6カ所の活動をして、20人ぐらいそれぞれとって、120人のアンケートをとったんですよね。活動が終わったら、それが80～90％まで伸びてたんですよ。すごい、自分の中でそんなに伸びてるっていうのが、たぶんそれをやってなかったら評価、自分でできなかったと思うんですよね。」

清水「客観的にね。」

町井「でも、できなかったことがやっぱりあって。じゃあ「蚊でマラリアになる」とわかった。では、そこから行動まで変えれたかっていうので、「蚊帳の中で寝てますか？　蚊帳を買いましたか？　家に何個蚊帳がありますか？」って聞いたら、全然ここ変わってなかったんですよ。そこは自分のできなかったポイントだなっていうのがわかって、じゃあそこの行動まで変えるには何が足りなかったんだろうっていうので、知識だけではなくマネジメントが必要だと、大学院の方に行ったんです。」

松舘「私は、あまり技術もなくハッタリで行ったような感じだったんですけど、向こうに行って思ったのが、すごい保守的で先生の言うことが絶対みたいなところがあって、自由な発想みたいなのがないんですよ。やっぱり人形制作って創作活動だから、クリエイティブな気持ちがないとできないじゃないですか。どうしたらいいのかなってすごい考えてたんですけども、一緒にお人形を作っていく中で、どんなふうにやってもいいんだよって言うんだけど、でも私がちょっと間違えると、生徒もその通り間違えるんですよ。でもずっと続けていくうちに、ある時、教科書を作ったんですよね、みんなで。当時はパソコンもなくて、タイプライターで生徒たちが打ってくれたりして、いろいろ一緒にやっていく中で、日本人が持ってるクリエイティブさとか工夫とか、わかってもらったのかなって思うんですけど。私が来る前は、日本の本を教科書にしていたんですが、テディベアとかうさぎとかの作り方が書いてあるんです。私は象とか、蛇とか、トカゲとか、自分たちが見ているものをお人形にしようよみたいな感じでやってたんですね。みんなが自由にできてきて、一番最後に私がぬいぐるみを教えたとき、みんなの人形が全然ちがう表情で、ウィンクしてるのとか、怒ってるのとか、みんながそれぞれ違うものがパーッて出てきて、そんときもうほんっと涙が止まらなかった。あっよかったなぁって思って、それができたって思いました。自分の方が学んだところが多くて、やってあげられたことがすごい少ないなって思ったんですけど。」

齋藤「私は活動でなにか1つの大きな柱があったかというと、ちょっと微妙ですね。日本語を教えたり、現地の先生方に日本の教育技術などを伝えたり、いろいろ幅広くやったんですけど、1つの大きなことを2年間でやったぞっていう実感は、正直あんまりないんですよ。すごく貴重な2年間でいろいろ経験できて楽しかった、ほんとに良かったって気持ちはありますが…。ただ、自分とブラジルのつながりが2年間で終わらないような気がして、今後もブラジルや中南米との関わりを続けていけたらいいなって想いながら帰国したんですよ。現地の方とは、ほんとに温かい関係を築けたと思います。もう1つの故郷みたいなものが、地球の反対側にあるってことが、なによりも嬉しいことです。活動の継続性に関して言えば、現職教員の場合、後任ボランティアの配属までどうしても4カ月ほどのブランクが生じてしまうので、継続したくてもできないんですよ。結局、私のいた学校も、後任が派遣された翌年の7月まで1年間以上ブランクが生じたので、私がやったことはそこでもういったんぶつ切れになった感じですね。だからブラジルでの自分の活動がその後、根づいたかどうかはほんと微妙です。カウンターパートの先生は居続けたので、もちろん日本語教育は継続してたんですけどね。その後、帰国して国際教室担当になれたのは幸運でした。今の日本の学校の子とブラジルの学校の子で交流したり、在日ブラジル人コミュニティの支援をしたり、ブラジルでの活動の延長線のようなことを続けられているのは、本当に貴重だと思います。ブラジルの学校の校長先生も、たまたまＪＩＣＡの研修で来日してくれたんですよね、私の学校にも来てくれて。」

清水「そうなんですか？」

齋藤「そうなんですよ。私も夏休みはブラジルに「帰国」したりして、細々とですけど、学校間交流を続けていくこともできるし、それにあとポルトガル語も仕事に生かすために未だに勉強を続けています。ブラジルとの関係が未だに続いている感じなんですよ。」

7.【帰国後の活動】

司会「前回の座談会でも皆さん話されていたのですが、帰国後に日本に適応するのに苦労したとか、協力隊の経験を話しづらいといったことは、今もありますでしょうか。」

松舘「私たちが帰ってきたのって、平成2年だったたっけ？」

清水「平成、うん。バブルが…。」

松舘「はじけた。だから、もうそのときは『NOと言えない日本』が注目を浴びていて、国際交流とかをし始めたようなぐらいのときだったから、みんなが向いてるのはアメリカとかイギリスとかそういう先進国で。私たちはなんかよくわかんないところに行ってきた人みたいな感じで、言うのもはばかられるぐらいな感じで、話せなかったんですよね。」

町井「確かにその時代はね…。」

松舘「特殊なことを話してる人みたいな感じで。私たちはたぶんグローバルスタンダードじゃない日本っていうのもちょっとわかって、こういうとこおかしいよねみたいなのもあると思うんですけども、それも打ち消されるようなものがあって、ちょっと口をつぐんでしまうような。就職も、協力隊に行ってきたっていうこともまったくメリットにもなんにもならなくて、2年間遊んできたっていうふうに見られたと思うんですよね。だから、今はほんとに良い時代になったなって私は思うんですけど。もう今は企業が、帰国した隊員を求めている。企業向けに帰国報告会をやるんですけど、企業の方がたくさん集まってくださるんですよ。」

町井「すごーい！　変わりましたねぇ。」

松舘「こんな優秀な人は、うちの企業には就職してくれないだろうなぁみたいなことを言う人もいるぐらい。」

町井「いやぁ、ここ数年じゃないですか？　私が帰ってきたとき、そんなのなかったですよねぇ。」

松舘「この2、3年だと思います。協力隊に行ったら、こういう経験をしてこんな能力が身につくんですよっていうお話をすると、「いやぁ、そんなところにうちらが望んでいた人がいたのかぁ」とか言って来てくれるんですよねぇ。」
町井「良い流れですねぇ。ボランティアとなると「休んできたの?」とそういうように思われがちなので、最近は協力隊の価値が出てきたのかもしれないですね。」
松舘「良いこととしてきたんだろうけども、ビジネスにつながらないだろう、みたいだったのが、現地の人たちが現金収入をどうやって得られるかとか、相手国政府の中に入って、現地の官僚社会の中で交渉力を持ってやってきてるんだってことが、わかってもらえてきた。」
町井「確かに。2年の経験で何をやってきたか、現地での経験はグローバルに進出する今後の日本企業に活かせ、さらにビジネスとしても成立していくということがたくさんあると思います。」
松舘「会社の中で失敗したことで自分が成長して、上にあがってきたっていう人たちが多くて、だから社員にもそういう経験をさせたいけど、今もう会社がそういうふうになってない。だからボランティアで挫折をちゃんと経験して、会社に貢献できる人になってほしいと。」

清水「しぶとくなった人が、価値があるって。」

町井「ほんとに価値がありますよね。みんなしかも、挫折しても動くし。」

松舘「この間も、ITの会社の方とお会いする機会があったんですが、いまITの社会って、仕事をしてる中にインド人とかバングラデシュ人とかいっぱい入ってきたんですって。日本にいてもそういう人が入ってきてて、ほかの人たちは「なんで時間遅れるんだよ」とか「ここまでやるって言ったのにやってない」とか関係が構築できないっていうのがあるらしいんですよ、どんなに優秀だといっても。協力隊の経験があると、そんな人たちと仕事しているから、そこでちゃんとフォローして、納品できるって言ってました。日本にいてもグローバル社会なんですよね。それに対応できる人が協力隊っていうのがあって、おっ、良い流れだって。」

町井「すごく良い流れだと思います。」

清水「2年間協力隊に行って、そういう価値がついてるっていうのをたぶん自覚してる人は少ないと思うんだよね。たぶん、それが売りになるっていうのを気づいてないまま、「2年間行ったけど、無駄になったかなぁ」とか「誰も声かけてくんないしなぁ」とかって思ってモヤモヤしてる人はたぶん今も多いと思う。特に地方に行っちゃうと、アフリカに行ったことが変な目で見られがちっていうのがまだまだあると思うけど。逆に、松舘さんが言ったように、実は企業側でもそういう人を求めてて、企業が、前は会社の中でそうやって失敗させたり、やらせる余裕があったけど、今そうじゃないと。逆にそういう体験をした人が、そういった企業の中で、前向きな価値をもたらす可能性があると。だからそういうときに、分野にもよると思うんですけど、松舘さんは、いま関わっている「民間連携ボランティア制度」を活用して、そういう仲人みたいなことをやろうとしてるんでしょ？」

町井「いいですね。それといま帰国した人たちは、たぶんそういうふうに企業側への帰国報告会ってチャンスがあると思うんですよ、タイミング的にも。でも、過去の人たちにも、すごい眠ってる財産がいっぱいあるから、そこはまだ開拓しがいがあるような気がするんですよね。」

松舘「掘り起こさないとね。」

町井「50周年じゃないですか。青年海外協力隊発足50周年。最近、元協力隊の方でも起業家が増えてきてますよね。クロスフィールズの小沼さんとかもそうですし。」

清水「町井さんもそうですけど、帰国後にＮＰＯを起ち上げるっていうのは、われわれの頃には選択の中に入ってなかったかな？　ＭＢＡっていうのは、企業とか民間で仕事、銀行とかやってる人が勉強するものだと。だから協力隊帰国後に、起業するとかＮＰＯやるっていうこと、そしてＭＢＡを取得することはたぶん考えてなかったと思う。でも、町井さんを見ていると、今後どういった展開をされていくのかって非常に楽しみにしてるんです。実は、こういう動きがあるんだなぁっていうのは、今回の座談会を企画してから気づいたことなんです。やっぱり協力隊事業が50年間続いてきた財産が、こういった形で花を咲かせている状態なのかなっていう気がする。」

町井「時代とともに協力隊も変わっていくのかもしれないですね。そのポジションっていうか。協力隊の経験をさらにより良く活用できるように、社会に還元していくシステムが今後も必要なのかもしれないですね。」

清水「そういうしかけは、ＪＩＣＡの中でちゃんと考えてもらっておかないと。隊員経験者が、気づかないでそういうところに乗っていけばいいわけだから。民間連携ボランティアも始まってからまだ2年ぐらいのことで、企業さんも知らないし、実は中途採用でこういう人がいますっていうのを紹介できれば。」

町井「私だって、帰国してむっちゃ調べましたもん。製薬会社で、アフリカに展開してる会社を。でもなかったんですよ。」

松舘「ロート製薬さんは、アフリカの支店の起ち上げに、採用から間もない帰国隊員の人が担当されてましたよ。」

町井「最近ね、アフリカの何人か、ロート製薬の人を知ってますけど、あそこはすごいですよね。でも私、帰国したとき知らなくて。もしそれを知ってたら、ロート製薬に入ってたかもしれないです。けど当時は無かったから、NPOを起ち上げたんですけど。それも運命かなとは思います。私は今、富山の置き薬のモデルをアフリカでやってるんですけど、規制ビジネスなんで、NPO一団体では無理なんですよね。横のネットワークとか、いかに強固に連携をつなげていくかっていうのがすごい重要で。」

清水「富山の置き薬のシステムをアフリカ、タンザニアで?」

町井「そうです、そうです。今いくつかトライアルを走らせているんですけど。やっぱり規制ビジネスだと1つの団体だけでは無理なんで、いっぱいそういうのがあれば、ネットワークを効かすことができるし、情報も入ってくるしっていうので、そういうのが必要になってくるような気がする。それと連携もね、日本対アフリカっていうのも、中国とアフリカとの関係じゃなくて、もっと違う形でこう連携ができて、良い形になっていくんじゃないかなって思うんですけどね。」

齋藤「お話を聞いて思ったのですが、私の同期の現職教員隊員で、帰国後にブラジルでの経験をダイレクトに生かしている人ってあまりいないんですよ。ブラジル人が多い県の人もいるんですけど、実際帰国してみたら、ブラジル人がまったくいない学校に転勤になったり、教育委員会に行っちゃった人もいますし。まったく国際協力と関係ないような。ただそれら同期の人たちも教育という枠の中で、広い意味でボランティア経験が生きている部分があるのかなと思うんです。教育の原点って、他人の痛みがわかること、人の立場に立って考えられること、だと思うんですよ。」

清水「多様性の意味では、そういった人が増えていけば、いろんなことに対応できるようになってくる。」

町井「はい。そういうのを体験して学ぶからこそ、本当に理解できるのかもしれないですよね。そういう経験をちゃんと言語化できる、それを伝えていく。言語化できるところまでいかないと、協力隊の価値っていうかね、出てこないのかもしれないですけどね。でも、絶対に何かあるような気がしますね。行った人と行ってない人での。」

清水「やっぱり可視化しないとだめなんですよね。協力隊に行った人で、本当にこういう力が伸びてますとか。」
松舘「でも今までは、たぶん自分が自己満足で、成長したと思うとか、コミュニケーション能力がついたと思うとかっていうアンケート調査の結果はあるんだけども、周りの人がそういうふうにじっくり観察してくれないから、他者による評価が限られてるんですよね。」
町井「客観的評価、必要ですよね。」
清水「どういう評価基準？」
町井「それこそ企業派遣とか現職参加だったら、上司は絶対に事前と事後を見ているから、そういうところで見られるのかもしれないですね。」
松舘「そういうふうにやってもらえたらいいかもしれないですね。現職参加の学校の先生でほんとに求められる能力、伸ばしてほしい能力を出して、それがどれだけ伸びたかみたいな。見てもらったらいいかもしれないですね。」
町井「アメリカとかだったらピースコー（米国平和部隊）とか、ボランティアしたら就職がしやすくなるとかあるじゃないですか。ボランティアしたらそれだけ価値が高まるみたいな。ああいうふうになればいいのに。」
清水「たぶん日本は今まで終身雇用で、会社に一度入ったら、そこでやっていくのが前提だったけど、今はそうじゃなくなりつつある、崩れつつあるところで、協力隊みたいな終身雇用のレールから外れた人とかが活用される可能性が高くなっている。アメリカでは、キャリアを変える、どんどん仕事も職場も変えていくというのが通常だから、ピースコーに行ったのもキャリアの1つだっていうふうに。日本はたぶんそういうマインドセットじゃない、なかった。でも、今はもう終身雇用っていうのが、公務員以外はなくなりつつある。」

齋藤「さっき「教育は息の長い事業」って話になりましたが、これも1つの教育ととらえれば、何十年か先にならないとその結果は見えてきませんね。だから、全体的なゆとりが必要なのかなと思うんですね。例えば教育委員会だって人的なゆとりがないと、JICAに人を派遣できません。企業だって、さまざまな研修もゆとりがないとやりにくいのではないでしょうか。人材育成を息の長い事業としてとらえる、そのゆとりが社会全体にないと、協力隊事業も成り立ちにくいのではと思います。」

松舘「協力隊事業が始まった頃は、社会的に若い人たちを育てようという風潮があったと思うんですよね。そのあと、評価しなきゃいけないとか、結果出さなきゃいけないとか、いろいろそういう締めつけみたいなのがどんどん社会的に出てきて、協力隊もその中に押し込められて、価値を固定化してしまった。」
町井「長期的目線は、本当に見えにくくなっているんだと思います。ただ方向性みたいなやつを短期目線と長期目線、両方必要かなと思っていて。そういうのがあって初めて、短期の目標も長期につながるっていうか。」
清水「そうですよね。方向性さえ間違えないようにすれば。」
町井「でも、それに行くためのステップとしてやっぱり短期的なところがないと、短期目標で置いていかないと、人ってモチベーションが上がっていかないんだと思います。長期目標だけを置いてると、人を引っ張っていけないと思います。短期的目標を達成したあと、「あ～頑張ったね」っていうので、モチベーションが上がっていって長期目線につながっていく。」
清水「長期目線は、社長さんの役目ですからね。」
町井「短期的、長期的っていうところの目標値を置いていくっていうのは、ビジョンとか共有っていうところで一緒だと思います。でも、数字だけにとらわれるっていうところに問題があると思うので、やっぱり数字に表れないマインド的なところとか、心の豊かさとか熱い心、愛する心、これいいなと思って、キャッチーなフレーズだなぁと思って。」

清水「それ、前回の座談会のときに出たんですけどね（笑）。」
町井「でも、すごいいいなぁと思います。マインドを忘れずにちゃんと追っていかないと、人を説得するときにマインドだけじゃ人を説得できなくて、やっぱり数字とマインドの両方必要なんですよね。」

8.【最後に一言】

司会「最後に、皆さんから一言いただきたいのですが、「協力隊を一言で言うと？」「協力隊を目指されている方へのメッセージ」などありましたら、ぜひお願いします。」
清水「わかりました。私は、初版の帯に書いてあるこの一言（熱い心、愛する心、遊び心）が好きだったので、やっぱりこれが言い得て妙だなと。この最後の遊び心っていうのも、欠かしてはいけないかなって思っています。」
齋藤「私も一言じゃないんですけども、自分が応募したときって、ちょっと下心のようなものもあったんです。自分のキャリアになるんじゃないかって。もちろんボランティアするけども、語学力とか、現地に対する理解とか、得るものの方がより多いだろうな、帰国後のキャリアアップにつながるだろうなって、そういう視点があって応募したところも正直あります。」
清水「だから、キャリアアップになるんですよっていう。」
町井「うんうん、それはいい。」
齋藤「だから、むしろこういう熱い心、愛する心よりも、むしろ自分を愛する心。」
町井「いや、でもそれ重要。」
齋藤「本当は、「ブラジルを利用してやる」といった下心があったんです。でも逆に、ブラジルに取り込まれてしまった感じがします。ほんとにブラジルが大好きになって、もう1つの故郷が地球の一番遠いとこにできて、帰国後も在日ブラジル人が自分の周りにいて、楽しい関係を築けて、利用するつもりが利用されちゃったような感じです、ブラジルという国に。その利用されてる自分がなんだか嬉しいんですよ。」
清水「満足している。」
齋藤「そうですね。すみません、一言じゃなくて。」
清水「一言なら、「下心」です（笑）。どうですか、町井さん？」
町井「いや、でも私は、この2年間が人生を変えたなぁって思います。これがなかったら自分にとっておもしろくない人生だったかなぁって。」

清水「それもありますね。波乱万丈。」

町井「波乱万丈で、今おもしろい。すごい今、さらに協力隊がまた機動力になってきて、それの経験が今に活きている。人生の深みっていうか時間の濃さっていうか、どんどんどん増してきている気がします。」

松舘「私もやっぱり、人生変わったと思うし、それが想像以上の変わり方なんだけども、それに対応できる自分をつくってもらえたみたいな。想定外の自分を楽しめる力がついたかなぁみたいな感じがあって。」

清水「帯変えましょうか？（笑）「人生を変える協力隊」とかって（笑）。」

町井「いや、でもみんな変わりましたよねぇ！」

齋藤「変わります！　本当に変わります。」

町井「いや、豊かになる。」

松舘「なんでも楽しめるようになっちゃった（笑）。」

町井「人生が豊かになった。ほんとにね、カラフルになりましたね、色が。いろんな色が。」

齋藤「広がった、ほんと広がりました。」

司会「本日はありがとうございました。」

あとがき

この本を手にして、タイトルに疑問をもたれた方も多いのではないだろうか？　青年海外協力隊は海外でボランティア活動をするのではないか？　なぜ、協力隊が日本をつくることになるのか？　そんな疑問を持ってくださった方たちこそ、ぜひこの本を読んでほしい。

実際、他の多くの協力隊紹介本とこの本の違いはこの点にある。本書の目的は、日本の社会への国際協力活動の意味を考えることであり、協力隊活動そのものを話題の中心とはしていない。大多数の協力隊経験者が、帰国後、引き続き国際協力に直接関わるわけではなく、いわゆる日常生活に戻っていく、その普通の生活に戻った体験をつづっている。これから協力隊を目指す人たちが、帰国後の生活についてイメージを描く助けになればと思う。

たしかに、近年国内外で、それぞれの地域やコミュニティで活動する若者が増えてきている。その国内版の受け皿として地域おこし協力隊が総務省によって創設されたのは、先輩の青年海外協力隊と比べてきわめて新しく２００９年のことである。現在、協力隊の経験者も多く活躍している。

第2版の出版にあたって新しく座談会を行い、協力隊の経験が個人の人生と日本社会に大きなインパクトを与えていることがより具体的に伝わる工夫がなされている。直接的な地域おこしに関わるだけでなく、世界のさまざまな「地域」「コミュニティ」で開発に関わっている協力隊経験者の活動やお考えを体験に基づいて具体的に紹介している。国や地域が異なっても、自分たちの未来を自分たちが決めて、よりよい生活を実現しようとする願いは世界共通であり、そのために地域で関わることのできる活動は無数にある。

「国際協力」シリーズでは、「地域をつなぐ国際協力」や「農業教育が世界を変える」など、開発途上国と日本という社会経済条件が異なる中で、プロセスとしての開発に共通点が多いことをより詳しく描いているものも出版されている。グローカルなコミュニティ開発に興味をもってくださった読者は、ぜひ他の本も手に取っていただきたい。そして、身近にいる青年海外協力隊経験者と交流を深めてくださり、あるいは自身が協力隊に参加し、その経験を活かして地域から日本を作り変えていってほしい。その一歩を踏み出していただけたら、この本の作成に関わった者たちにとっては望外の喜びである。

2016年4月

シリーズ監修者　西川芳昭

《編著者紹介》
清水　正（しみず・ただし）
1965年生まれ。
1988年　北海道大学農学部林学科卒業。
1994年　オランダ・ワーグニンゲン大学修士（熱帯林業）修了。
青年海外協力隊（ネパール），㈶国際開発高等教育機構（FASID），ECOSUR（メキシコ），JICA専門家（ネパール，ボリヴィアおよびペルー），国際連合食糧農業機関（FAO）本部勤務，米州開発銀行（IDB）本部・持続的可能なエネルギー及び気候変動課を経て，
現　在　株式会社タック・インターナショナル主任調査員（在オランダ）

主要著書

『世界に広がるフェアトレード－このチョコレートが安心な理由－』創成社，2008年。

『フィールドワークからの国際協力』（共著）昭和堂，2009年。

『市民参加のまちづくり【コミュニティ・ビジネス編】』（共著）創成社，2006年。

『ネパールを知るための60章』（共著）明石書店，2000年。

「ペルーの森林保全」『海外の森林と林業』第88号16-20，2013年。

Gardi,. O., C. Robledo, T. Shimizu, M. Rattinger & G. Rivera (2010) Agriculture, Forestry and Other Land Use (AFLOU) for addressing climate change mitigation and adaptation in the Latin American and Caribbean region. IDB Technical Note 135. Washington, DC.

（検印省略）

2011年１月20日　初版発行
2016年５月20日　第２版発行　　略称－青年海外協力隊

青年海外協力隊がつくる日本
—選考試験，現地活動，帰国後の進路—

編著者　清水　正
発行者　塚田尚寛

発行所　東京都文京区春日２－13－１　株式会社　創成社

電　話 03（3868）3867　　ＦＡＸ 03（5802）6802
出版部 03（3868）3857　　振　替 00150-9-191261
http://www.books-sosei.com

定価はカバーに表示してあります。

ISBN978-4-7944-5058-6 C0236
Printed in Japan
組版：でーた工房　印刷：平河工業社
製本：宮製本所
落丁・乱丁本はお取り替えいたします。

創成社新書・国際協力シリーズ刊行にあたって

グローバリゼーションが急速に進む中で、日本をはじめとする多くの先進国において、市民が国内情勢の変化に伴って内向きの思考・行動に傾く状況が起こっている。地球規模の環境問題や貧困とテロの問題などグローバルな課題を一つ一つ解決しなければ私たち人類の未来がないことはわかっていながら、一人ひとりの私たちにとってなにをすればいいか考えることは容易ではない。情報化社会とは言われているが、わが国では、世界で、とくに開発途上国で実際に何が起こっているのか、どのような取り組みがなされているのかについて知る機会も情報も少ないままである。

私たち「国際協力シリーズ」の筆者たちはこのような背景を共有の理解とし、このシリーズを企画した。すでに多くの類書がある中で、私たちのシリーズは、著者たちが国際協力の実務と研究の両方を経験しており、現場の生の様子をお伝えするとともに、それらの事象を客観的に説明することにも心がけていることに特色がある。シリーズに収められた一冊一冊は国際協力の多様な側面を、その地域別特色、協力の手法、課題などからひとつをとりあげて話題を提供している。また、国際協力を、決して、私たちから遠い国に住む人々のためだけの利他的活動だとは理解せずに、国際協力が著者自身を含めた日本の市民にとって大きな意味を持つことを、個人史の紹介を含めて執筆者たちと読者との共有を目指している。

本書を手にとって下さったかたがたが、本シリーズとの出会いをきっかけに、国内外における国際協力や地域における生活の質の向上につながる活動に参加したり、さらに専門的な学びに導かれたりすれば筆者たちにとって望外の喜びである。

国際協力シリーズ執筆者を代表して

西川芳昭